西部謙司

PERFECT
世界トッププレーヤーの究極スキルを解説する
SKILL

KANZEN

プロローグ

サッカーはじわじわと進化していく

「サッカーが進化するのではなく、サッカーをプレーする人間が進化する」

セサル・ルイス・メノッティの有名な言葉です。1978年ワールドカップでアルゼンチンに初優勝をもたらした監督ですが、当時はまだ39歳だったんですね。長髪のヘヴィスモーカー、けっこう貫録もあった気がします。

メノッティの言うとおり、選手はずいぶん進化しました。1980〜90年代あたりは「下手になっていないか?」と思ったこともあったのですが、21世紀に入ってからはやはり進化しているのだと実感しています。ただ、トップクラスの偉大な選手に関してはそんなに変わっていない気もします。

メノッティは映画『メッシ』の中で、ディエゴ・マラドーナとリオネル・メッシを比較して、「自分はマラドーナ（のほうが偉大）だと思う」と話していました。もちろん、過去と現在の選手を比較することにあまり意味はありません。メノッティも「私がそう思うだけだ」と言っていました。ただ、ペレとの比較が持ち上がると、「ペレは持ち出すな」と。「別の星から来た選手だ」と。

メッシ、マラドーナ、ペレの誰が最も優れているかについては、それぞれの主観によるでしょう。とはいえ、それぐらい判断が難しいわけで、つまりは人がその程度にしか進化していないのならサッカーもたいして進化していないということになります、メノッティの説が正しければ。

確かに50年前の試合を映像で見ても、素晴らしいプレーはいくつもあります。しかし、現在のクオリティとは比較になりません。ボールやピッチの違いもあるかもしれませんが、やはり明らかにプレーの内容は進化しています。つまり、最高クラスの選手はそれほど変わっていないけれども、平均的なレベルは格段に進化しているということでしょう。周囲がレベルアップした中でバロンドールを二分し続けているメッシとクリスティアーノ・ロナウドはやはり別格と言えるのかもしれません。

平均的なレベルと書いてしまいましたが、メッシとロナウド以外にもバロンドールを受賞するに相応しい選手たちがいます。アンドレス・イニエスタはその1人でしょう。過去にもバロンドールに相応しい活躍をしたにもかかわらず受賞できなかった名手はいますが、現在はペレやマラドーナの時代以上に隠れバロンドーラーがいそうです。

本書では現在活躍中のスターたちを紹介するとともに、筆者の勝手な見解をつけ足しています。まさに「私がそう思うだけだ」という類のものです。いわば素晴らしい選手たちへのファンレターのようなものになります。中にはそうは思えない書き方もあるかもしれませんが。

この中に将来のバロンドール受賞者がいても不思議ではないでしょう。彼らはすでに有名で、実力を認められた選手ですが、これからさらに進化していくと予測できるからです。サッカー史のうえでの進化とは違う意味で、彼ら自身が進化していきます。誰もが十代のころから天才だったわけではなく、子供のときと同じでもありません。日々進化してきた結果が現在の彼らであり、だからこそこれからも進化していくはずです。

メッシやロナウドも十年前の彼らと同じではありません。同じところに留まらないからこそ、長年に渡って頂点に君臨し続けられるのでしょう。それは不断の努力なしでは為しえないはずで、あれだけ圧倒的な才能があると気づきにくいのですが、じわじわと変化し続けているわけです。

進化は突然変異のように表れるのではなく、もっと遅々としたものなのでしょう。プレーする人間の進化は、少なくとも日々の変化の積み重ねでしかない。1人1人の少しずつの成長が、サッカーを確実に変化させ進化させていくのではないでしょうか。

2018年5月　西部謙司

CONTENTS

CHAPTER 1
FW

CHAPTER 2

MF

CHAPTER 3

DF

CHAPTER 4

GK

※1 本書に登場する選手・監督などの所属は5月15日時点のものとします。
※2 本書の原稿の一部は、WEBサイト『フットボールチャンネル』内にあるコラム「西部の目」から転載したものになります。
※3 「ロベルト・レヴァンドフスキ」「サディオ・マネ」「ハメス・ロドリゲス」の内容はウェブサイトのスポーツナビ「2018 FIFA WORLD CUP RUSSIA」が初出となります。

CHAPTER 1

FW

洗練された決定力でゴールを量産し続ける“キング”ロナウド

クリスティアーノ・ロナウド

ポルトガル／レアル・マドリー

1985年2月5日生まれ、ポルトガルのマデイラ島・フンシャル出身。スポルティングＣＰ、マンチェスター・ユナイテッド、レアル・マドリーに渡り、所属した３チーム全てにおいてリーグ戦およびカップ戦での優勝を経験。UEFA チャンピオンズリーグ得点王やバロンドールなど数々のタイトルを獲得。

「カズと似ている」という印象

最初に見たときの印象は「カズと似ている」だった。三浦知良がブラジルから日本に戻ってきたときと、十代のクリスティアーノ・ロナウドにどこか重なるものがあったのだ。

スポルティングとの親善試合の帰路、マンチェスター・ユナイテッドの選手たちは、アレックス・ファーガソン監督にロナウド獲得を進言したという。ユナイテッドの一員になるには、たんに上手いだけではダメだ。強烈な個性とメンタルの強さが要る。

例えば、エリック・カントナのように。誰も理解できない神秘性、近寄り難い孤高の存在、何をしでかすかわからない危険な香り……しかしユナイテッドにはうってつけだった。ユナイテッドの面々が一目惚れしたということは、ロナウドがたんに上手いとか速いというだけではなく、内面に尋常でない炎を見出したからだろう。

「実はそんなに上手いと思ったことはないのですが、独特の勝負強さは日本人選手にはないものでした。1回目のシュートをDFにぶつけ、2回目もぶつけても、3回目に足の間を抜けてゴールする」

カズを日本代表に招集した当時の横山謙三監督の回想である。高校1年の途中でブラジルへ渡るとき、周囲から「ブラジルでプロになるなんて99パーセント無理」と諭されたのに「1パーセントはあるんですね」と返したという。普通ではない。成功した後だからエピソードになるが、その思考はむしろ異常だろう。

ただその異常性、心の炎がなければ、カズはカズになりえなかっただろうし、ロナウドも今日のロナウドではない。

ファーガソン監督が選手たちの進言を入れて獲得し、しかもクラブ伝統のエースナンバー7番を与えたのだから期待されていたのは間違いない。だが、当時のロナウドは言ってしまえば「足が速く動く」だけの選手だった。シャカシャカと凄いスピードでボールをまたぐ。第一印象がカズと似ていると思ったのはこの特徴からだ。

しかし、ドリブルのテクニックだけではプレミアリーグでは通用しない。そもそもこういうチャラチャラしたプレーはイングランドでは受け入れられない。かつては南米選手が少しドリブルしただけで「パスしろ!」とすかさず罵声が浴びせられた国柄なのだ。

当初、ロナウドはすぐに消えるだろうという意見もあった。しかし、そうはならなかった。

メッシとの違い。「成り上がり」のロナウド

ロナウドは〝第二印象〟もカズと似ていた。ウイングとして高速で足が動く選手からゴールゲッターに変化している。

最初はアシストする選手だったのが徐々にゴールにシフト、3シーズン目に12得点と年間得点を二桁に乗せ、次のシーズンは23得点、そして入団5シーズン目には驚異的な42ゴールを叩き出した。ゴールという明白な結果で周囲の批判を黙らせると同時にプレーヤーとしてスケールアップした。

レアル・マドリーに移籍しても得点ペースは変わらず、10-11シーズンに54得点、

以後60、55、51、61、51、42点と信じられないゴールを記録して現在に至る。ロナウドはリオネル・メッシと評価を二分するサッカー史上最大級のスーパースターに成り上がった。

あえて「成り上がった」と書いたのは、ロナウドは最初から現在のロナウドではなかったからだ。メッシは最初からメッシだった。持って生まれた才能という点では、ロナウドはメッシの半分にも及ばないと思う。天然自然に合理的なプレーができるタイプではなく、我流で突き進んでいる。

若いころのロナウドはボールを持ちすぎる癖があった。判断が悪い証拠である。現在のロナウドはゴールに集中するために、あまりボールを持たなくなった。

ただ、そこに至るまで劇的に判断が良くなったわけではない。依然として無駄もムラも多いままだった。しかし、ゴールという結果を出し続けることで、自分のスタイルを認めさせ、強引に正当化してしまった。

過剰から洗練へ。シンプルなゴールが増加

アルフレード・ディステファノはサッカー史上最大級のスーパースターで、レアル・マドリーのレジェンドである。アルゼンチン人のディステファノが来てから、レ

アルは今日のレアルになった。

　プレーメーカーでありゴールゲッターだったディステファノは最高の〝ファルソ・ヌエベ〟（偽9番）であり、その点でメッシはディステファノの後継者である。母国よりもスペインで名声を築いたところも似ている。

　しかし一方で、ディステファノはロナウドのモデルともいえる。ボビー・チャールトンが「史上最も頭のいいプレーヤー」と舌を巻いたディステファノだが、リーベルプレートでの若手時代は快足のウイングとして鳴らし、頭脳派というより肉体派だった。リーベルには元祖ファルソ・ヌエベの〝マエストロ〟、アドルフォ・ペデルネーラが君臨していて、ディステファノは〝ラ・マキナ〟と呼ばれた最強アタックラインに弾き出され他クラブへ貸し出されていた。

　リーベルへ戻ってペデルネーラからポジションを奪いとり、コロンビアのミリョナリオスを経てレアルへ渡るころにはすっかり洗練された〝ドン・アルフレード〟になっていたが、もともとはそういうタイプではなかったのだ。

　ロナウドとディステファノは努力で道を切り拓いている。プレースタイルは違うけれども、人並み外れた努力家であり強烈な個性を持っているところは同じだ。確かにどちらも俊足という才能には恵まれていたが、努力で頂点まで上り詰めた。

ロナウドはおそらく肉体的なピークを越えている。強引さよりも、プレーを整理して洗練させることで新しいロナウドへ変わりつつある。無駄を省き、よりゴールに集中し、決定力を研ぎ澄ます。

自分1人で決着をつけるよりも、味方のサポートを最大限利用した得点が増えていくはずだ。豪快で派手なゴールよりも、地味な何でもないような得点が増えていくだろう。そして17－18シーズンの終盤のように、より決定的で歴史的なゴールを記録するのかもしれない。数よりも価値の高いゴールを決める、それが新しいCR7ではないだろうか。

わかっていても
絶対に止められない
DNAに刻まれた
サッカー界の天才

リオネル・メッシ

スペイン／FC バルセロナ

1987年6月24日生まれ、アルゼンチンのサンタフェ州ロサリオ出身。13歳でバルセロナに加入し、17歳でトップチームデビュー。以後、リーガ・エスパニョーラやUEFA チャンピオンズリーグなどの優勝に貢献。また、得点王やバロンドールといった個人タイトルも数多く受賞している。

何十回も見たルーティーン

前線右寄り、いつもの場所でイニエスタからのパスを受けたメッシは、前面を塞ごうとする相手をいなしてカットイン、小さなキックフェイントでもう1つ左へ持ち出す。そして次のDFが来る前に間髪入れず逆サイドへの低いシュートを決めた。

17－18シーズンUEFAチャンピオンズリーグの開幕戦、バルセロナの3点目はもう何十回も見たような光景だった。カットインした後、もう一歩左へ持ち出したことでGKブッフォンに体重移動を余儀なくさせ、逆へ低く放たれたシュートに対して無力化する。ドリブルの歩幅のまま素早くシュートできる特徴を生かした、見慣れたメッシの得点シーンだった。

リオネル・メッシがサッカー史上のどの位置にいるのかはわからない。アルフレード・ディステファノ、ペレ、ディエゴ・マラドーナより上という人もいるだろうし、そこまではないという意見もあるだろう。いずれにしても史上最高クラスであるのは確かだが。

アルゼンチン人の琴線に触れるのは、たぶんマラドーナだと思う。どうってこともないチームを率いて、ボロ雑巾のようになりながらも独力で別次元へ引っぱり上げた力業は、ペレもディステファノもなし得なかった偉業だ。桁外れの天才であり、ここという時、最も苦しい時に、誰も見たこともないようなプレーですべてをひっくり返した。

レオ・メッシには、今のところディエゴの神秘的なパワーは感じない。カオスだったバルセロナ、弱小ナポリ、自分を盛りたてるために自分以外が凡庸だったアルゼンチン代表を牽引したマラドーナと、恵まれすぎた環境にいるメッシを比較することはできない。また、マラドーナとはプレースタイル自体も違っている。

マラドーナ世代にとって、メッシは「よく出来たマシーン」に見えるかもしれない。いつも同じようにプレーし、リプレーのようなゴールを量産する。ユベントス戦での2ゴール、そしてポストとブッフォンの背中に防がれたシュートも、どこかで見たようなシーンであり、ルーティーンとさえいえる。

研ぎ澄まされたテクニック。全く無駄のないスタイル

メッシのプレーそのものもルーティーン化している。相手のディフェンスラインの手前をスタスタと歩き、時には静止してフリーになる。前を向けたら仕掛けて決定的な状況へ持っていく。そのときに繰り出されるテクニックも毎回ほぼ同じ。やろうと思えば何でもできるのだろうが、メッシの技は最小限だ。

右へステップして左足のアウトで左へ抜ける、これが最も得意な形。その逆パターンとして、左のアウトで触るとみせて相手の左足が出てくる瞬間にインサイドで右方向へ抜ける。背負ったときは2つを組み合わせて揺さぶって前を向く。大きくボールをまたぎ越して間合いを取り直す。

あとは即興的なダブルタッチやナツメグ（股抜き）もあるが、だいたいこんなところなのだ。シザースは使わないし、足裏も多用しない、ネイマールのようなヒールリフトもしない。最小限の技の組み合わせで最大の効果を上げる。パスを受けるために走り回ることもない。静かに全体の動きを見ながら歩き、隙間を見つけてパスを受け

る。

全く無駄のない研ぎ澄まされたスタイル。マラドーナが絢爛豪華な宮殿なら、メッシは禅寺のごとき佇まいか。何をしてくるかわからないというより、わかっているけど止められない。余分な装飾は一切省かれていて、毎回同じ手順でゴールするからメッシは機械のように見えるし、だいたいどの得点シーンも既視感のあるものばかりになる。

サッカーのDNA。メッシが天才たる所以

「雨上がりのサーベドラ公園に現れた8歳のディエゴは、ボールリフティングしながらGKの頭越しにゴールを決めた」

マラドーナがプレーした少年チーム、ロス・セボジータス（玉葱の意味）のコーチだったフランシス・コルネーホは、初めて見た8歳にしてすでに我々の知るマラドーナだったと証言している。

メッシの少年時代の映像も現在のメッシそのものだ。小さくてユニフォームはブカブカで、ボールの大きさが膝ぐらい。それでも少年がメッシであることはすぐにわかる。右へ肩を落として左足のアウトでカットイン、相手の体重移動を見極めて切り返

し、どんどん進んでゴール、誰も止められない。

体の大きさやスピードはもちろん違っているけれども、やっていることはほとんど同じ。子供のときのスーパースターもやがて普通の大人になるものだが、マラドーナやメッシはそのまんま世界の頂点まで行ってしまった天才である。

メッシが天才なのは、雷光の反射神経と図抜けたボール親和力だけではない。ボールと人体の原理を本能的に知っていたことだ。

ユベントス戦の1点目、ルイス・スアレスとの壁パスから決めたゴールは実にシンプルだった。守備戦術のオーソリティーであるイタリア、その名門ユベントスが、ただのワンツーで破壊される。ただのワンツーは言い過ぎかもしれないが、凄く正確で速く巧みであることを除けば、小学生でもやるパス交換であり、おそらくサッカーが始まったときからあった崩し方だろう。

戦術を複雑化させるのが好きな人がいる。いろいろな用語が生み出される。守備は100年間でどれだけ進歩し洗練されただろうか。でも、単純なワンツーでユベントスは崩された。ボールと人体が同じである以上、それで崩せるのだ。

頭の中で装飾されて肥大化しているだけで、現代サッカー理論の最高峰もワンツー1つで崩されるものにすぎない。なぜかメッシは子供のときからそれを知っていた。

なぜかサッカーの原理がＤＮＡに入っていた。身体能力やもろもろを除けば、子供のメッシはユベントス守備陣を突破できる。

バルセロナでテストを受けていたメッシ少年を見に来た、当時強化部長だったチャーリー・レシャックはキックオフに少し遅れた。そしてベンチにたどり着くまでのグラウンド4分の3周の間に契約を決めたそうだ。

議論の余地がなかった。メッシはサッカーそのものに思えたからだ。

頭抜けた得点感覚とパワーと技術でゴールを量産するウルグアイの〝黒騎士〟

ルイス・スアレス

ウルグアイ／FC バルセロナ

1987年1月24日生まれ、ウルグアイのサルト出身。母国クラブでキャリアをスタートし、オランダ、イングランド、スペインの3カ国で得点王を獲得。ウルグアイ代表としてもコパ・アメリカ優勝に貢献したほか、代表通算得点記録を保有している。噛みつきなどの行動がクローズアップされることも。

スアレス事件簿

先に悪い話からしよう。ルイス・スアレスは16歳でレフェリーに頭突きを食らわして退場になっている。まだモンテビデオにいたころだ。ナシオナル・モンテビデオで1シーズンプレーした後、オランダのフローニンゲンへ移籍。1シーズン後にアヤックスへ移籍した。ここで最初の噛みつき事件が起こる。2010年11月のPSVアイントホーフェン戦でオトマン・バカルの肩に噛みつき、リーグから7試合の出場停止処分が下る。

シーズン中の復帰がなくなったスアレスはリバプールへ移籍。しかし、アヤックスのファンはリーグ優勝に貢献したスアレスを温かく送り出した。二度目は２０１２-13シーズンのプレミアリーグ、チェルシー戦。ブラスニラヴ・イヴァノビッチの腕に噛みつく。このときは10試合の出場停止。またも移籍先を模索したが心変わりして、リバプールにはもう1シーズン在籍した。

しかし二度あることは三度、２０１４年ワールドカップのイタリア戦でジョルジュ・キエッリーニの肩に噛みつく。ＦＩＦＡは罰金10万フランと4カ月間の活動停止処分を下す。

ＢＢＣのインタビューに答えたスポーツ心理学の専門家は「噛みつき癖は恵まれない幼少時代の経験に根ざしている可能性がある」と指摘し、再発は十分ありうると話した。再発どころか治る見込みはあまりないとも。

リバプール時代にはパトリス・エブラ（マンチェスター・ユナイテッド）に対する人種差別によって8試合の出場停止。２０１０年ワールドカップの準々決勝では、ガーナのドミニク・アディアーのシュートを手でセーブ。スアレスは得点機会阻止で退場となった。ガーナは延長終了間際のＰＫを外し、ＰＫ戦でウルグアイが勝利してベスト４へ進出した。

ダーティー・ヒーロー

スアレスはエールディヴィジ、プレミア、ラ・リーガの3つのリーグで得点王を獲得し、ウルグアイ代表の通算得点記録保持者だ。パワフルなシュートと独特のキレのある動き、テクニックと戦術眼を兼ね備えた世界最高クラスのストライカーである。

バルセロナでは今のところ大きな事件は起こしておらず、もちろん4回目の噛みつきもない。ただ、過去3回もやっているのは事実なのだ。懸念されるのは、スアレスがどこまで本気で反省しているかよくわからないところだ。

エブラへの差別発言は否定していて、キエッリーニに噛みついたときも「サッカーではよくあること」と気にしている様子すらなかった。後に謝罪しているが、衝動的な行為だけに本人にはある意味悪気がない。ガーナ戦の〝スーパーセーブ〟も「神の手」として自慢していた。ウルグアイ人にとっては、自ら退場になって失点を回避し、ベスト4進出をもたらしたスアレスはヒーローに違いない。

狡知を働かせて危機を脱することは南米ではわりと認められていて、一種のカタルシスにもなっている。だからといって噛みつきはやり過ぎだが、それでもFIFAやヨーロッパ人との温度差はかなりありそうだ。

日本にストライカーが育たないのは、そういう環境にないからだとよく言われる。スアレスは「そういう環境」で育った典型としてあげられるだろう。7人兄弟、貧しい少年期、周囲に漂う暴力や犯罪の匂い。その中で生き抜いていくためには強さと同時にずる賢さも養成される、そういう環境だ。

ただ、そういう環境で育てば誰もが有能なストライカーになれるわけではなく、スアレスの場合も才能と本人の努力が決定的なのは言うまでもない。人に噛みついてしまう男に得点の才能があるわけではなく、図抜けた得点力に恵まれた人にたまたまそういう癖があったというだけだ。

ＦＩＦＡは懸命に反暴力、反人種差別を訴え続けている。裏を返せば、フィールド上は暴力と差別に溢れている。社会一般にも暴力と差別はあるが、サッカーのフィールドではそれが凝縮されているといっていい。ＦＩＦＡがキャンペーンを張ったことで減ってはいるだろうが根絶されたわけではない。この瞬間にもフィールドには暴力と差別が渦巻いているに違いないのだ。プロの芝生は紛れもない闘いの場だからだ。スポーツだからフェアプレーが尊重されなければならないのは当然だが、現実にそれはタテマエでしかない。相手を叩き潰すためには手段を選ばない人はたくさんいる。

ましてゴール前は勝敗を左右する修羅場。ルールすれすれの行為は日常茶飯事、明確にルール違反でもバレなければ問題なしの世界である。そこを主戦場とするストライカーたちは、大小の違反や暴力をくぐり抜けて点をとる。路上でやったら犯罪確定のタックルをかわし、ルール違反も乗り越えていかなくてはならない。

さすがに噛みつく人はスアレスぐらいしかいないけれども、暴力と暴言などは、プロ選手に聞けば「皆やっているよ」と答えるだろう。

闘争の中の自制

1980年代初期のリーガ・エスパニョーラの映像を見返して驚いたことがある。ディエゴ・マラドーナはその試合で足を蹴られ続けていた。マークしていた選手は、マラドーナからボールを奪うのではなく足を蹴ることを目的にしていた。明らかにボールではなく足をねらっていた。ところが、足を蹴るぐらいではイエローカードなど出ないのだ。現在の基準なら一発退場のファウルを繰り返しても警告すらされていなかった。マラドーナも平然としていたものだ。

そういえば当時はそんなものだったのだ。その代わり、ユニフォームを引っ張ったりするとすぐにイエローが出る。こちらは現在ではあまり警告対象にならない。かつては危険よりも卑怯のほうが重罪だったのが、現在は危険な行為に対して厳しくなっている。選手は少しずつ変化していくルールの解釈に対応しなければならない。以前は良くてもこれからはダメというケースは、ワールドカップのたびに起こっている。しかし、いわばルール無用の無法地帯で生きているストライカーやセンターバックにとっては、ルール解釈の変更どころかルールそのものにアジャストするだけでも簡単ではない。必死すぎてルールに合っているかどうかに構っている場合ではないからだ。

そんな特殊な場所で生き抜くためには、少年時代に似た環境で育った選手のほうが確かに適応力はありそうである。ただ、スアレスはそのために余分な癖までついてきてしまった。

「ゴール前では冷静なほうが勝つ」

空前絶後のゴールゲッターだったペレの言葉だ。必死でも冷静、狡猾。スアレスもいわゆる「殺し屋の冷静さ」を持つ。ただ、三度も噛みついているので本質的には適性がないのかもしれない。もう一度同じことをすれば、相当なペナルティを科されるに違いない。もう少し穏便な癖なら良かったのだが……。闘争と自制、その一線を引けるかどうかがスポーツマンとしてのスアレスの評価を左右することになるのだろう。

自由の中で苦しむ創造性と技術に満ち溢れたスーパースター

ネイマール

ブラジル／パリ・サンジェルマン

1992年2月5日生まれ、ブラジルのサンパウロ州出身。ブラジルのサントスでデビューを果たし、2013年からバルセロナに在籍。2017年にパリ・サンジェルマンに移籍した。これまで所属した全てのクラブでタイトル獲得に貢献しており、世代別代表時代からブラジル代表を牽引している。

パリ・サンジェルマンでの重荷

「ＰＳＧのリーダーは彼だ」

退任が決まっているウナイ・エメリ監督のコメントである。

「私の考えではＰＳＧのリーダーはネイマールだ。彼がこの役割において成長すると考えた。マンチェスター・シティならペップがリーダーだが、ＰＳＧでは彼がリーダーでなければならない。彼が幸せであることが重要なんだ」

エメリがどういう意味で「ネイマールがリーダー」と言ったのかはよくわからないが、それは誰もが知っていたことでもあった。２０１７年夏、史上最高の移籍金でバルセロナからパリに来た時点で、パリ・サンジェルマンはネイマールが世界一のプレーヤーへ駆け上がるために用意された舞台になってしまった。

ＰＳＧのオーナーはカタールの投資グループであり、実体はカタール投資庁。国家そのものがオーナーといっていい。ＰＳＧはもはやフランスのクラブというよりカタールの国策クラブである。天然ガスや石油で経済を回している中東諸国は資源後の国家観を模索している。

カタールはスポーツ振興に力を入れており、２０２０年ワールドカップ開催はその起爆剤となるイベントだ。すでにスポーツ振興策に莫大な予算が計上され、ネイマールの移籍金でもその１％にもならない。

２０２２年の広告塔になるネイマールを世界一のスーパースターにすること、バロンドールを獲得させ、ＰＳＧがネイマールの大活躍でＣＬに優勝すること。それがカタールの描いた絵だろう。

エメリ監督の使命はネイマールを生かし、活躍させ、その力でＣＬを制覇することであり、他の選択肢はない。しかし、１人の選手がクラブのリーダーというのはサッカーではかなり異常な状況なのだ。

不自然なリーダー

「フランツは影の監督などではない。真の監督だ」

これは1974年ワールドカップで優勝した西ドイツのパウル・ブライトナーによる〝らしい〟コメントだ。本当にこんなことを言ったのかと思うが雑誌にはそう載っていた。「フランツ」はフランツ・ベッケンバウアーのことだ。ベッケンバウアーはチームのキャプテンで、1次リーグの東ドイツ戦に敗れた後、監督に代わってチームに喝を入れたというのは有名なエピソードである。フィールドの監督は強力なチームには付きもので、ときには本物の監督の代わりをすることもある。ただ、選手が監督より上位に立つことはない。

現在ではリオネル・メッシがバルセロナとアルゼンチン代表において最重要人物であり、監督より重要な存在なのは間違いない。ただ、メッシが監督の仕事をやるわけではなく、「影の監督」でもない。たんにチームの大エースであり無視することはできない存在だというだけだ。メッシがやりやすいようにチームを構成するのは、勝つために必要な作業にすぎず、特別扱いされているのは文字どおり特別だからだ。レアル・マドリーにおけるクリスティアーノ・ロナウドも同じだろう。メッシやロナウドはチームを勝たせるためのスターであり、彼らをスターにするためにチームが存在するわけではない。メッシがいるかぎり、ネイマールはバルサでは二番手にしかなれなかった。いつか2人の関係が逆転するかもしれないが、それまで世界一にはなれない。自分を最重要選手として扱ってくれるチームへ移籍する理由はあったかもしれない。しかし、ネイマールありきで作られたPSGのストーリーはあまりにも不自然だった。

メッシが最初から現在のメッシだったわけではなく、トップに上がったときのエースはロナウジーニョだ。完成された選手としてマドリードに来たロナウドも、アルフレード・ディステファノからジャージを渡される儀式を通過している。いかなるプレーヤーでもレアルより偉大ではない、俺のように身を粉にして尽くせという無言の恒例行事だった。

ネイマールは最初から特別扱いである。ネイマールがどうPSGのために働くかよりも、ネイマールのためにPSGに何ができるか。この根本的な歪みが徐々に軋みを生み出していく。PKキッカーを巡ってのエディンソン・カバーニとの衝突、練習でネイマールへのタックルは禁止されているという噂……バルサやレアルに比べてしまえば、PSGの看板はプラスティックのように軽い。その軽さゆえに、ネイマールがすべてを背負うことになったともいえる。本人も望んだことかもしれないが、1人の人間が背負うには重すぎる負荷だ。自然にリーダーになったのではなく、リーダーにされてしまったための余分な重みである。

世界は彼を待っている

ネイマールの加入でPSGは本気でCL優勝を狙えるチームになった。リーグアンも当然のように制した。ネイマールはPSGのために十分な活躍をしたといっていい。だが、PSGはネイマールにバロンドールを与えることはできなかった。

マルセイユ戦で足首を負傷し、CLラウンド16のレアル戦第2レグを欠場。ネイマールがいれば勝ち抜けられたといえるほど楽観的な状況ではなかったが、チームが最も必要とするときにその場にいられなかった。ネイマールとPSGが描いたストーリーは負傷というアクシデントであっけなく終わった。

スーパースターが舞い降りてきてPSGを悲願のヨーロッパチャンピオンに押し上げる。その甘美な物語に酔える時期は過ぎた。

懸命なハードワークでプレーの幅を広げたバルサのときとは違い、PSGでのネイマールは自由を与えられ圧倒的な才能を示す一方で、フラストレーションも表していた。アウェイでのマルセイユ戦では退場となり、ホームでは負傷した。余分なカードを受けることもあった。描かれたストーリーと現実のギャップに苛立っていたのだろうか。たとえプラスティックな夢でも、期待を裏切ったネイマールにパリのファンは非難を浴びせた。短絡的なようだが、都合の良すぎるストーリーを破綻させたのは誰かという点では間違っていない。来季、ネイマールがPSGに留まる保証はなさそうだ。本人が主演したとはいえ、何かが違うと気づいても不思議ではない。もしパリに残るなら、チームのために自分があることを態度で示さなければファンは納得しないだろう。それができない選手にリーダーは務まらないはずだ。

ロシアワールドカップは事情が違う。ブラジル代表のエースがネイマールなのは同じだが、ネイマールのためにブラジルがあるわけではない。極端にいえば、ネイマールが活躍しなくてもブラジルが勝てればそれでいい。PSGよりも少し肩の力を抜いてプレーできるはずだ。メッシとはまた異質の流れるような加速、驚異的なバランスとボールタッチ、ここ一番で発揮される無類のインスピレーション……世界はネイマールを待っている。作られたストーリーの主人公ではなく、本物のフットボーラーとして。

万能型スタイルに泥臭さも醸し出すウルグアイのエル・マタドール

エディンソン・カバーニ

ウルグアイ／パリ・サンジェルマン

1987年2月14日生まれ、ウルグアイのサルト出身。母国のダヌービオでデビュー以降、イタリアのパレルモ、ナポリへ渡り、セリエA得点王を獲得。2013年からパリ・サンジェルマンに加入。リーグ、カップ戦などのタイトル獲得に貢献し、同クラブにおける歴代最多得点記録も保有している。

最多得点記録を塗り替える

フランス・リーグ・アン第23節、パリ・サンジェルマンの歴代得点記録が更新された。通算156得点のズラタン・イブラヒモビッチの記録を塗り替えたのはエディンソン・カバーニだ。

モンペリエのゴールに先制点を決めると、カバーニはユニフォームを脱いでターザンのような逞しい上半身を誇示した。主審はカバーニと握手してゴールを祝福してからイエローカードを示した。

カバーニ、イブラヒモビッチに続く3位はポルトガル人のペドロ・パウレタ（109点）、4位は1980年代にフランス代表で活躍したドミニク・ロシュトー（100点）。PSGの最多得点記録にどれほどの意味があるのかは正直微妙なところである。

ロシュトーはストライカーというよりウイングだった。パウレタは点取り屋でポルトガル代表ではクリスティアーノ・ロナウドに抜かれるまでは最多得点者（47点）だったが、ワールドカップやユーロでの目立った活躍はなく、世界トップレベルのストライカーだったかというとやや疑問が残る。

PSGにはジョージ・ウェアがプレーしていたし、ロナウジーニョもユーリ・ジョルカエフ、ニコラ・アネルカもいた。ただ、いずれも長くはプレーしていない。もっと大きなクラブへ移籍する前の、いわば腰掛け的なクラブだったのだ。

ただ、イブラヒモビッチが来てからは違う。PSGは本物のビッグクラブになった。カバーニの157ゴールは、それまでとは違う、スターが出て行かないPSGだから達成できた記録といえる。

闘牛士というより闘牛のようなプレースタイル

長髪、長身、逞しい肉体と端正な顔立ち。カバーニはエル・マタドール（闘牛士）のニックネームがよく似合う。エル・マタドールといえば、1978年ワールドカップのヒーローだったマリオ・ケンペスを思い出す。

敵のタックルをかわしながら勇敢にドリブルで突っ込んでいく姿は闘牛士らしかった。カバーニのプレースタイルは闘牛士よりも闘牛のほうに近いかもしれない。

長身とジャンプ力を利してのヘディング、際どいところに突っ込んでいくパワー。それでいて繊細なテクニックもあり、ＦＫを直接決める精度のキックも持っている。スピードもスタミナもあって、非常にバランスのいい万能型のＦＷだ。ただ、その万能さゆえに少し割を食っているところもあるかもしれない。

ウルグアイ代表ではルイス・スアレスやディエゴ・フォルランをサポートする役回り、ＰＳＧはイブラヒモビッチの黒子だった。得点力だけではなく、走力も守備力もあるのでサイドハーフとしても起用できた。ハードワークをこなしながらゴールしてきたわけだ。

イブラヒモビッチがマンチェスター・ユナイテッドへ移籍、ようやくＰＳＧでエースの座につくや、昨季は48試合で49ゴールという驚異的な得点力をみせつけた。ただ、カバーニはスーパーゴールもあるかわりに、ごく簡単そうなチャンスを外す癖があり、それがなければおそらく60ゴールはとれていたのではないか。

小国のアイデンティティ

毎年年末になると、アルゼンチンではアルゼンチン代表の名場面が放送される。アルゼンチン人にとってのサッカーはスポーツの域を超えていて、自分たちの心のありかを確認するものでもある。そこで、これぞアルゼンチンの心ということで放映される試合が１９９０年イタリアワールドカップのブラジル戦だという。

ディエゴ・マラドーナのパスからクラウディオ・カニージャがゴールし、１－０で勝った試合である。マラドーナは負傷を抱えてアシスト１本以外は消えていた。そしてブラジルには30本もシュートを打たれ、攻められ続けた。

耐えに耐え、たった１つのチャンスを生かして勝った試合だ。そしてこれこそアルゼンチンらしいサッカーであり、アルゼンチン人の心に訴えかけるものがあるのだそうだ。

アルゼンチンにとってブラジルは人口も面積も大きく、才能に溢れた選手が続々と生まれる文字どおりの大国。ブラジルが強大化する以前から老舗のサッカー強国だったとはいえ、アルゼンチンの人々は自分たちを弱い立場だと考えているらしい。

ウルグアイはもっと小さい。サッカーもアルゼンチンを濃縮したような堅守速攻に徹したスタイルである。耐えて粘ってワンチャンスに賭ける。ブラジルはウルグアイが苦手だし、大国扱いされるアルゼンチンもやりにくい。

守備に注力しているので、攻撃はどうしても「行ってこい」のFW個人技頼みになる。泥臭くていいから、いや泥臭いゴールをとれるFWこそ評価される。

カバーニが母国のダヌビオからイタリアのパレルモ、ナポリへ移籍して評価を得たのは、ウルグアイとイタリアのサッカーが似ているという背景もあると思う。どんな形でも点のとれるカバーニを万能型と書いたが、むしろどんな形でも点をとらなければならなかったのだ。スマートな万能型というより泥臭い何でも屋かもしれない。

PSGはパリの街に相応しい華麗かつ豪華なチームに変貌した。ネイマールやエムバペも来た。もともとそういう気はあったが、もうサッカークラブというよりファッション・ショーでも始めそうな勢いである。

そんな中、あくまでゴツゴツしたプレーのカバーニだけが、かつてこのクラブがパリの殺伐とした部分の吹きだまりだったころの心とつながっているように思える。

急加速と急停止を巧みに使い分ける驚異のスピードを持った若き至宝

エムバペ

フランス／パリ・サンジェルマン

1998年12月20日生まれ、フランスのボンディ出身。少年時代に育成の名門、クレールフォンテーヌ国立研究所に入学。モナコでデビューを果たし、プロ初得点は同クラブでの最年少得点記録となった。リーグタイトル獲得に貢献するなど活躍した後、2017年からパリ・サンジェルマンに加入した。

ンバッペ、ムバペ、エンバペ？

「ギョエテとは　俺のことかと　ゲーテ言い」

斎藤緑雨の作った川柳といわれているがはっきりしない。文豪ゲーテはグョエテ、ギョーツ、グーテ、ゲエテなど何種類もの表記がされていたそうだ。キリアン・エムバペも、ンバッペ、ムバッペ、ムバペ、ンバペなど、ゲーテ並のバラバラ加減である。

フランス語読みならエムバペかエンバペだろう。父親はカメルーン人、母親はアルジェリア系フランス人、アフリカ風だと口を開かずにンバペと発音するらしいが、ここではエムバペを採用したい。

ガンバ大阪のエムボマもンボマじゃなかったので。

フランス人の名前は難しくて、元フランス代表でパリ・サンジェルマンの監督も務めたルイス・フェルナンデスはスペイン風の読み方だ。では、ポルトガル系のロベール・ピレスがロベルト・ピレスかというとそうはならない。フランス語読みだったり、そうでなかったりする。

そもそも日本語のカナカナにしている時点で現地音とは違う場合が多い。ジネディーヌ・ジダンはジダヌもあったし、ミッシェル・プラティニはプラチニだったこともある。中国では全部漢字にしてしまうので、実況を聞いていても選手の名前が全然わからないことがあった。発音の近い漢字をあてているのだが、どうしても漢字のほうの発音に引っ張られてしまうのだろう。

さてエムバペ。驚異の18歳。クレールフォンテーヌ国立育成所→ASモナコという経歴から〝アンリ2世〟と呼ばれている。ただ、同年齢のティエリ・アンリも見ているが、エムバペのほうが上手い。

十代のアンリはまだ自分の才能と折り合いをつけられていなかった。アンリには「5メートルのアドバンテージ」があって、対峙するDFの背後に5メートル以上のスペースがあるときは絶対的だった。そこへボールをプッシュして競走になれば必ず勝てたからだ。

これはアンリの選手時代を通してのアドバンテージだったが、デビューしたころはむしろそれだけだった。最初は無敵だったが対策されるとすぐに行き詰まった。それも乗り越えてスーパースターになっていくのだが、エムバペにはそんな壁すらなさそうなのだ。

急加速と急停止。前途洋々、遮るものはなさそう

エムバペの武器は何といってもスピードである。速いだけでなく緩急を使える。急加速と急停止ができて、その変化における身のこなしが普通ではない。動き自体が対処するＤＦにとって驚きであり意外性になっている。

決定力が高い。ゴール前であまり慌てないし、難しいコースも自信満々で狙っていく。パスを引き出すタイミングもよく、そもそも動きが速いのでマークを簡単に外してしまう。

とびきり速くてシュート力も抜群となれば、ひたすらゴールを目指すプレーになりそうなものだが、エムバペは実はパスも上手い。モナコのときはラダメル・ファルカオ、ＰＳＧにはネイマールとエディソン・カバーニという強烈な先輩がいるので、何

でもかんでも自分がシュートというわけにもいかない。もともとパスセンスもあるのだろうが、チームメイトとの関係で覚えたところもあるのではないか。

モナコ時代はファルカオとの2トップ、PSGでは3トップの右サイド。エムバペは左サイドのほうが好きなようだが、PSGの左にはネイマールがいる。右サイドはどうなのかと思っていたが、それも問題なくこなしている。器用なのだ。

すでにフランス代表にも選出されている。1998年ワールドカップのときには、アンリとダビド・トレゼゲ、ニコラ・アネルカの若手3人のメンバー入りが有力視されながら、アネルカだけが最終メンバーに入らなかった。

その時点では最も能力があり、アーセナルで活躍もしていたのだが、エメ・ジャケ監督はチームの和を乱す危険があるとみてアネルカを選出しなかったのだ。現在のディディエ・デシャン監督は何の迷いもなくエムバペを選ぶだろう。気むずかしいタイプでも傲慢でもないからだ。前途洋々、遮るものはなさそうにみえる。

モナコからPSGに開幕まもなく移籍、要した金額は1億8000万ユーロという巨額だった。ネイマール移籍の直後だったので驚きも半分だったが、18歳の選手につけられる値段ではない。いちおう期限付き移籍で、モナコへの支払いは来季になるようだがファイナンシャル・フェアプレーに抵触しないための方便である。

17－18シーズンのPSGは本気でCLを獲りにいくつもりのようだ。今やカタールの国策クラブといっていい。バルセロナへのスポンサードを引き上げ、そのぶんをPSGへ回している。2022年ワールドカップの成功をバネにスポーツ振興を図るため、カタール政府は巨額の予算を組んでいる。ネイマールの移籍金などものの数ではない。

スポンサー料が収入の70%を超える異常性をリーガ・エスパニョーラ会長が指摘し、PSGのCLからの除外を要求している。UEFAで埒が開かなければEUに提訴するという。

PSG（＝カタール）はCLのライバルとなるバルサを目に仇にしているようだ。資金の引き上げとネイマールの引き抜きだけでなく、ヴェラッティのバルサ移籍をブロックし、バルサがほしがっているコウチーニョを獲得するという噂も出ていた。

スペインのメディアは「ネイマールはバルサへ戻りたがっている」と報道し、ウナイ・エメリ監督が即座に否定。ネイマールの守備免除、練習中の激しい当たりの禁止など、特例が契約に盛り込まれているという報道もあった。クラブの顔であり、対バルサ戦争の核であるネイマールへのプレッシャーは増大している。

エムバペにとってはネイマールが盾になってくれるので好都合なのだが、マルセイユとのル・クラスィクではメディアから最低の評価で酷評された。最初の1対1のデュエルで酒井宏樹に負け、その後も存在感を示せなかった。

最後に退場を食らったネイマールも酷いものだったが、それでも1点は決めている。エムバペは何もできなかった。さらに次のニース戦でもイージーミスと覇気のないプレーぶり。CL第4節のアンデルレヒト戦ではスタメン落ちも予想されたが、普通に出てきて何事もなかったかのように調子を戻していた。

このあたりも大物感十分。とはいえ、まだ18歳だ。レキップ紙とフランス・フットボール誌、さらにカナル・プリュスとTF1、サッカーに多大な影響力を持つメディアは全部首都パリにある。

PSGの話題は需要が大きく、あることないこと何でも取り上げられる。PSGは過去に何人もの前途有望な才能を潰してきたクラブでもあるのだ。月並みな言い方だが、どれだけ地に足をつけていられるか。すでに巻き込まれている巨大プロジェクトから、いい意味で無関心でいられるかどうか。

この状況下で無邪気にプレーを楽しみ、精進を続けていく平常心がカギになりそうだ。異常な状況下において普通でいること、ジダンが持っていた才能に恵まれていれば、エムバペも天高く飛ぶだろう。

的確な判断を武器にアタッカーと化した〝スペインが生んだ小さな王子〟

アントワーヌ・グリーズマン

フランス／アトレティコ・マドリー

1991年3月21日生まれ、フランスのマコン出身。13歳のときにレアル・ソシエダの下部組織に入団。同クラブでトップデビューを飾り、2014年からアトレティコ・マドリーに加入。フランス代表としても、EURO2016の決勝進出に貢献し、同大会の最優秀選手賞・得点王・ベストイレブンに選出された。

レアル・ソシエダに見出される

少年時代にいくつものテストを受けて、ことごとく落とされた。「小さすぎるし細すぎる。プロではやれない」というおきまりの評価である。後年のスーパースターの多くが華奢、小柄という理由で「プロは無理」と判断されている。身長は伸びる、体も大きくなる、なのにどうして逸材を逃すのか不思議だった。アントワーヌ・グリーズマンだけでなく、将来のスターは少年時代にも必ず光るものを持っていたはずだからだ。

フランスのクレール・ファンテーヌはJヴィレッジのモデルにもなった育成機関だ。初代校長のクロード・デュソーは後に日本にも来ている。彼がまだパリにいたころ、1枚の写真を見せてもらった。後にプロとなる2人が映っていた。1人はジェローム・ロテン、ASモナコで活躍して後にパリ・サンジェルマンでもプレーした。スーパースターではないがリーグアンのスタープレーヤーである。ロテンの隣にはティエリ・アンリがいた。

衝撃的だったのは、ロテンの背丈がアンリの半分ぐらいしかなかったことだ。半分は大袈裟かもしれないが大人と小学生だった。小さなロテンの才能は評価され、プロになることもできたわけだが、才能うんぬんよりこの体格差は一緒にプレーさせるのが危険なレベルだと思った。

フランスのアカデミーでプレーしている選手には早熟な子も多く、いくら技術に優れていても体格差がありすぎれば潰されてしまう。何も通用しないまま自信を失うだけと考えるのも無理はないのかもしれないと、そのときに思い直した。

グリーズマンを見出したのはスペインのスカウトである。レアル・ソシエダはグリーズマンを1週間のトライアルに参加するように勧めた。トライアル期間はさらに延長され、小さなグリーズマン少年はサン・セバスチャンのクラブへ移ることに。国境を越えてフランスの学校へ通い、夕方にはスペインへ戻ってきてクラブの練習に参加した。

トップチームでデビューしたのは18歳のとき。プレシーズンのツアーに参加して4試合で5得点を決めてトップに残ると、レギュラーの左ウイングが負傷したためにポジションを得ている。開幕するとそのままレギュラーポジションを確保した。

試合を重ねるうちに体格も出来上がってきた。身長は175センチとあまり伸びなかったが、俊敏な動きと無駄のないテクニック、ゴールセンスを発揮。ソシエダでの活躍でビッグクラブからのオファーも届くようになり、2014年にアトレティコ・マドリーに移籍した。

アトレティコではディエゴ・シメオネ監督の指導の下、攻撃力だけでなく守備力を向上させている。セカンドトップがベストポジションだが、左右のサイドハーフもこなせる。グリーズマンはただ上手いだけでなく、チームの一員として機能できることに強みがある。

アタッカーとしては万能だ。得点力は図抜けていて、裏へ抜け出すこともクロスボールをボレーやヘディングからゴールすることもできる。パスも上手いしクロスも得意。MFとFWをリンクするプレーもできる。左利きだが右足も使いこなす。

プラティニ、ジダンに続くフランスのエース

グリーズマンがフランス代表のエースになったのはユーロ２０１６だった。わずか２年前である。大会途中からオリビエ・ジルーの１つ下のポジションが与えられ、水を得た魚のごとく躍動しはじめた。大会６ゴールは最多、最優秀選手にも選出された。

現在のフランス代表は才能の宝庫だ。速さならキリアン・エンバペ、ウスマン・デンベレ、キングスレイ・コマンがいる。高さと強さならオリビエ・ジルーがいて、得点力のあるアンオニー・マルシャル、アレクサンドル・ラカゼットもいる。だが、フランスのエースはグリーズマンだ。速さ、強さ、シュート力で必ずしも一番ではないが、総合力ではベストなアタッカーなのだ。言い方を変えると、インテリジェンスとセンスがある。

フランスの多士済々のアタッカーたちはいずれも特別な才能に恵まれているが、スタンドから俯瞰的に見た場合、最も納得のいくプレーをしているのはグリーズマンである。つまり判断が常に的確で、相手のディフェンスラインの裏にも入れるし手前でもプレーできる。

そのどちらを選ぶか、そのときのポジショニングやプレーの選択がことごとく的確で流れを壊さない。この点ではミッシェル・プラティニに近い。

プラティニも飛び抜けて速くもなければ超絶的な技巧を持っていたわけでもないが、どの能力をいつ使うかという判断が図抜けていた。得意技のゴリ押しではなく、スマートに打開していくタイプだ。グリーズマンは走りながらのファーストタッチが絶妙で、パスを受けてシュートへ持っていく動作がよどみない。「正確さこそ速さ」の見本だろう。

フランス代表の最初のスーパースターは1950~60年代に活躍したレイモン・コパ。本名はコパゼフスキーでポーランドからの移民だった。その後が80年代のプラティニ、こちらはイタリア系。

プラティニ後のスーパースター、ジネディーヌ・ジダンはアルジェリア移民の子だった。

グリーズマンも父がドイツ系、母はポルトガル。スターの系譜にあるわけだが、フランスのサッカー選手は少しさかのぼれば外国人というケースがほとんどでもある。ただ、スペインで育てられ、スペインでプレーしてスターになったというところは特殊といえる。

捨てる神あれば拾う神あり。フランスではプロになれないと言われた少年がスペインで成長し、逆輸入されて今やレ・ブルーのエースになった。可能性は捨ててはいけないのだろう。可能性は可能になってはじめてわかるものではあるけれども。

パワー型に見えて実はテクニシャン天性と努力のストライカー

ロベルト・レヴァンドフスキ

ポーランド／バイエルン・ミュンヘン

1988年8月21日生まれ、ポーランドのワルシャワ出身。母国クラブでプレー後、ドイツへ渡り、ドルトムント、バイエルン・ミュンヘンの２クラブで優勝に貢献。個人としてはブンデスリーガ得点王のタイトルを４度獲得。ポーランド代表としても活躍し、同代表の歴代最多得点記録も保有している。

テクニックのゴールゲッター

ロベルト・レヴァンドフスキの父親は柔道のチャンピオンだったそうだ。母親はバレーボールの選手で妹もバレーボールのポーランドＵ－21代表。さらに妻は２００９年空手ワールドカップで3位。もちろん本人が最も有名な選手だが家族も全員アスリート。そのせいかどうかはともかく、レヴァンドフスキは万能の９番といわれている。

柔道家のようにパワーがあり、空手家のように足が高く上がる。バレーボール選手のようにジャンプする。

パワー、スピード、テクニック、得点感覚が抜群のうえにアシストもできるし守備力もある……何でもできるセンターフォワードといえる。

　１９９０年代に活躍し、３度もバロンドールを受賞したマルコ・ファンバステンも典型的な万能CFだった。ファンバステンもあらゆる形で得点し、チームプレーも巧みだった。ただ、オランダ人にいわせると彼は「テクニックの選手」だそうだ。

　ファンバステンと同時期に活躍したルート・フリットも万能型だったが、フリットへの評価は「フィジカルの選手」である。言われてみればファンバステンはあまりパワーがない。スピードと長いリーチ、体の使い方の上手さ、その長身からパワーもあるような印象だったが、シュート自体はあまり強くなかった。ユーロ決勝の強烈なスーパーボレーは伝説だが、あれは空中にあるボールだからだろう。

　ファンバステンの練習は何度か見たことがある。正直、そんなにテクニシャンとも思わなかった。「フィジカルの選手」のはずのフリットのほうが器用だった。ただ、試合になると確かにファンバステンは上手いのだ。対敵で発揮されるテクニックだったからだろう。ボールと敵と自分の関係から、最適の場所にボールを置ける。

　レヴァンドフスキも万能型でファンバステンよりパワーもあるが、やはり「テクニックの選手」だと思う。

相手を脅かす小さな肩の動き

２０１０年にポーランドのレフ・ポズナンからドイツのボルシア・ドルトムントへ移籍。移籍金は４５０万ユーロといわれているのでそんなに高くはない。移籍して最初のシーズンはあまり出番もなかった。ＦＷにはルーカス・バリオスがいて、レヴァンドフスキは二番手扱いになっていた。２０１１－12シーズンにバリオスの負傷で起用されてからブレイクしている。

１８５センチあるが俊敏でパワーもありテクニックが丁寧だった。ワンタッチゴールもドリブルシュートもできて、ありとあらゆる形から点がとれる。さらにポストプレーの確実さはドルトムントの縦に速い攻撃とゲーゲン・プレッシングの組み合わせを可能にしていた。

レヴァンドフスキはボールタッチが柔らかい。ボールを持ったときの姿勢がよく、上体のフェイントを使える。これはあまり目立たないのだが、少し肩を動かすだけでもＤＦはシュートの気配を察するので足を出したり、逆に動きを止めたりする。とくにシュートレンジでは効果的だ。優れたストライカーはだいたいこの肩のフェイントを上手く使う。ほんの小さな動きなのでわかりにくいが、レヴァンドフスキはＰＫのときに使っているので、それを見るとよくわかる。肩の動きも含めて1回キックフェイントを入れてＧＫの逆をついている。

天性と努力のストライカー

ワンタッチコントロールは抜群。グラウンダーでも空中にあるボールでも置きたい場所にボールを置ける。これは天性のものだろう。ファーストタッチでボールを静止できる精度があるので、敵の動きを見ることができる。視野に入らない背後の敵の動きも間接視野でとらえる余裕がある。

ただ、レヴァンドフスキは相当な努力家でもあるようだ。最近はＦＫからのゴールが増えている。リオネル・メッシもそうだが、以前はそれほどＦＫから得点しなかったのに、いつしかＦＫの名手になっていた。止まっているボールを蹴るのは簡単そうだけれども、そのぶん完成度が要求される。おそらく生まれつきのＦＫの名人は存在しない。努力なしにはその領域には行けないはずなのだ。

レヴァンドフスキの蹴る時の手順はいつも同じ。短い助走の途中で必ずツマ先立ちになるのが特徴だ。右足のツマ先で着地してカカトを接地させない。その伸び上がるような姿勢からキックの体勢に入る。なぜそうしているのかはわからないが、これがいわゆるルーティーンなのだ。何度も蹴り込んだ結果のツマ先立ちなのだろう。

パワーもあるが、力任せのプレーはほとんどやらない。ボックス内のシュートは丁寧にコースを狙って決めたものが多い。得意のヘディングも競り合いの強さ、ジャンプの高さ、上体や首をひねる力はあるものの、シュート自体は丁寧にコースを狙ってボールをそこへ置くようにシュートしている。

２０１５年10月22日のヴォルフスブルク戦では9分間で5ゴールをゲットした。どんな形でも点をとれるので、こういうことも起こりうるわけだ。ロシアワールドカップで、日本はこのレヴァンドフスキのいるポーランドとの対戦が決まっている。レヴァンドフスキを封じることが日本の勝負ポイントになるだろう。ところが、それ自体が非常に困難でもある。

第一にレヴァンドフスキへのボール供給を絶つことだが、パスの受け方が上手なうえに味方にスペースを使わせるのも巧みなので、レヴァンドフスキをマークしてもそのぶん他の選手をフリーにしてしまう危険がある。ボールを持てばもちろん厄介だが、持たなくても安全ではないから難しい。

ポイントはレヴァンドフスキがテクニシャンだということかもしれない。

つまり相手が見えていて、それを利用しようとするタイプだということ。だから慌てないほうがいい。ＤＦに何か動きが見えれば必ずその逆をついてくる。相手の逆をつこうとする選手は心理戦に長けている。

動きが見えることもあるが、それ以前に相手がどう動こうとしているかを状況から予測できるのだ。その習性を利用して罠にはめる手もあるが、まずは極力動じないことかもしれない。

ブラジル代表のセンターバックだったオスカーは「センターバックは格で守るポジション」と言っていた。泰然自若として何を考えているのかレヴァンドフスキに悟らせない。日本のＤＦにその格があるか、レヴァンドフスキとの心理戦を制することができるか。90分に1回しかないチャンスを冷静沈着に決められる世界有数のストライカーが相手だけに、ものすごく難しいミッションなのは間違いないが、これほどやりがいのあるストライカーもそういないはずだ。

低重心と細かいドリブルタッチで相手を切り裂くエジプトの〝メッシ〟

モハメド・サラー
エジプト／リバプール

1992年6月15日生まれ、エジプトのバスユーン出身。母国クラブでキャリアをスタートし、スイス、イングランド、イタリアのクラブを渡り歩く。2017年からリバプールに加入。初年度のシーズンで32得点を記録。得点王に輝き、同年の最優秀選手賞にも選出されるなどの活躍を見せた。

規格外の突破力

１９８０年代にバングルスの「エジプシャン」（Walk Like an Egyptian）という曲が流行った。エジプト風の歩き方はよくわからないが、現代のエジプト人は走ると速い。誰もサラーみたいには走れない。

ムハンマド・サラー・ガリ、エジプト代表とリバプールのＦＷで現時点でのプレミアリーグのリーディング・スコアラーである。

身長１７５センチと小柄なレフティ、プレースタイルはリオネル・メッシと似ている。直線を走るスピードはたぶんメッシより速い。エジプトのＥＬモカウルーンというクラブでプレーしていたが、2012年2月1日にポートサイド・スタジアムの事件が起こる。

ポートサイド・スタジアムで暴動が起こり74人死亡、負傷者1000人以上という大惨事になった。エジプト国内リーグは無期限延期となり、再開されたのは3年後だった。その間にスイスで行われた試合で後半だけプレーしたサラーがスカウトの目に止まり、スイスの名門バーゼルに移籍する。ポートサイド・スタジアム事件はサラーとは直接関係ないが、リーグ中止がキャリアを変えたわけだ。

バーゼルで2シーズン、その後はチェルシーへ。フィオレンティーナへ貸し出され、ローマでプレーした後にプレミアリーグに復帰したが、行く先はチェルシーではなくリバプールだった。

リバプールはうってつけのチーム

サラーとリバプールの相性はすこぶるいい。ユルゲン・クロップ監督の指向するサッカーにスピードスターは不可欠だからだ。すでにサディオ・マネがいて、サラーとプレースタイルが重なるのだが、マネを左サイドに起用することで解決している。もっともサラーもポジションを選ばない。右サイドが得意だが、左もできるしCFでもやれる。

クロップ監督のリバプールは基本的にはカウンターを得意としている。ＭＦにボールを刈れる選手を並べ、奪ったら相手ディフェンスラインの背後にフィード、サラーとマネが快足を飛ばせば一気にゴール前だ。ただ、対戦相手もリバプールの武器を熟知している。相手に引かれてスペースを消されたときの攻撃が目下の課題だろう。

ただ、サラーは速いだけのアタッカーではない。直線を突っ走るスピードは格別だが、狭い地域でもクイックモーションで難なく敵のタックルを外せる。身長と重心の低さがストロングポイントになっているのはメッシと同じ。シュートやパスも非常に正確だ。

スペースがなくてもコウチーニョとともに、何かを生み出せるインスピレーションを持っている。速攻ではスピード無双のウイング、遅攻ではバイタルエリアでの仕事ができる。現代サッカーで引く手あまたの万能型ウイングプレーヤーといえる。

小さくて速い選手の共通の特徴はドリブルのタッチが細かいことだ。サラーは常に左足のアウトサイドで触れる場所にボールを置き、相手の間合いを計ってステップを踏み換えて瞬間的に抜く。

これぐらい上手くて速い選手になると、だいたい相手を見た瞬間に自分とボールを通過させる道筋が自然と見えているようだ。

逆に、対峙する相手には止め方がわからない。速さが規格外なのでリズムも間合いも読めないからだ。まだ仕掛けてこないだろうというタイミングで仕掛けてくるし、捕まえたと思っても捕まらない。

エジプトを代表するスターといえば、アル・アハリのモハメド・アブトレイカだった。長身でゆったりしたリズムから決定的なパスを繰り出し、得点力も優れていたアブトレイカがエジプトの〝ジダン〟とすれば、やはりサラーはエジプトの〝メッシ〟だ。

クレバーかつトリッキーなストリート出身のスピードスター

サディオ・マネ

セネガル／リバプール

1992年4月10日生まれ、セネガルのセディウ州出身。フランスでプロデビュー後、オーストリアのザルツブルクへ移籍。2014年にイングランドへ渡り、サウサンプトンを経て2016年からリバプールに加入。移籍初年度にクラブ年間最優秀選手・年間ベストイレブンに選出された。

セネガルの〝ペレ〟

ロシアワールドカップの2戦目で日本はセネガルと対戦する。そのセネガルのエースがサディオ・マネだ。

〝マネ〟といえばサッカー界ではマノエウ・フランシスコ・ドス・サントスだった。ニックネームのガリンシャのほうがはるかに有名だが。マネが他の誰に似ているか、マネのプレーが誰を想起させるかというと、マネ・ガリンシャよりも、その隣にいたプレーヤーをどうしても思い浮かべてしまう。日本が対戦することを思えば、あまり出したくない名前なのだが……それはペレだ。

マネの特徴といえばスピードである。

あまりにも速いので、そればかりが注目されてしまうのだが速いだけの選手ではない。むしろ速さはマネの長所の1つにすぎず、実は何をやっても抜群に上手いのだ。パスもシュートも上手いし、右足も左足も使える。守備もできる、ゲームも作れる。正確でクレバーでトリッキーなうえに、ものすごく速い。

××のペレという選手は過去に何人もいる。「砂漠のペレ」（＝マジェド・アブドゥラー）もいたし、トスタンもジーコもクライフも「白いペレ」だった。マルセイユで活躍したアベディ・アイェウは愛称のペレのほうが通名になっていた。もちろん本家を超えた者はいないし、プレースタイル自体あまり似ていない人も少なくない。マネはセネガルのペレとは呼ばれていないようだが、プレーの雰囲気はペレに近いものがある。

では、ペレのプレーとはどういうものかというと、ひと言では説明できない。ひと言で説明できないのがペレでありマネもそれは同じで、そこが似ているところかもしれない。あえて言うなら、ストリートの匂いだろうか。

セネガルのセディウ州の村で生まれ、15歳のときにダカールへ移った。ダカールではサッカーのトライアルが行われていて、それに参加するためだった。ダカールのジェネレーションズ・フットというアカデミーに加入している。

アフリカの育成は無数のアカデミーを出発点としている。日本ならサッカー少年団というところだろうか。大小無数のアカデミーがあって、将来有望な子供たちはスカウトされてそこでプレーしている。マネのような特別な才能を持った選手はアカデミーからヨーロッパのクラブへ移籍するので国内リーグには残らない。マネは19歳のときにフランスのメスへ移籍している。

「2、3歳のころからボールと一緒だった」「路上でサッカーをしている子供を見つけては混じりに行った」という話からすると、マネはアカデミーに入るまでストリート・フットボーラーだったようだ。

草サッカーというより路サッカー。物心つく時分から、ヒマさえあれば路上のサッカーに明け暮れていた。こうしたストリート・フットボーラーはかつて世界中にいたが、現在は極めて限られた場所にしかいない。少なくともヨーロッパには存在しないし、南米にもいなくなったといわれている。

アフリカには依然としてストリート・フットボールがある。カメルーンの英雄だったロジェ・ミラも「石ころを蹴っていた」と述懐していた。蹴っていたのが主に石だったので「ヘディングだけは上達しなかった」という笑い話である。

マネもストリート・フットボーラーだ。ペレもそうだった。ヨーロッパではジネディーヌ・ジダンがおそらく最後のストリート・フットボーラーだろう。ジダンは集合住宅の中庭という閉鎖された特殊な環境から生まれた例外だった。そして彼らに共通するのは形容しがたい得体の知れなさである。

より純粋なフットボーラー

ストリート・フットボールは純粋な遊びだ。ボールは石だったり紙や糸くずを丸めたものだったり、フィールドはそのときで違うし、ゴールもサンダルや棒きれだったり。車が来るとゲームが一時中断することだけが共通のルールだろうか。

遊びといっても真剣さはピンキリ。ガーナの空き地で行われていたストリート・フットボールには観客もいたし、人が集まるので物売りもいた。シャツを着ているチーム対裸チームの子供の試合だが、ギャラリーの中にはたぶん賭けをしている人もいたと思う。判定をめぐって乱闘にもなっていた。両方から非難されたレフェリーの男の子は泣きながら帰ってしまい、それで試合が終わってしまった。

ルールもなければコーチもいない、そのかわりストリート・フットボールは自由だ。その中で呼吸するようにプレーしてきたストリート・フットボーラーには型がない。癖はあっても型にははまっていない。戦術はないが知恵はある。子供というのは、放っておけば大人より勝ちたがるからだ。磨き抜かれた対人スキル、無尽蔵のスタミナ、飽くなき闘争心、何よりも輝くばかりのヒラメキ……だから最も優れたストリート・フットボーラーは極めて魅力的なフットボーラーでもある。ある意味、育成されたフットボーラーよりフットボーラーなのだ。

ただ、フットボールとストリート・フットボールは別物だ。とくにプロを目指すとなれば、十代でヨーロッパに渡った後には環境の違いに適応しなければならない。サッカーには早く適応できる。最初は大変かもしれないが、プレーヤーとしての資質は持っているのでいずれは適応する。生活面の違いのほうが大きいだろう。マネの場合は言葉の通じるフランスのメスで2シーズンを過ごした後、オーストリアのザルツブルクへ移籍している。

ザルツブルクは有名なスポーツ・ディレクター、ラルフ・ラングニックが描く最先端かつ特殊かつ野心的なサッカーを展開するクラブだ。ただ、先入観に固まっていない素材を求めていたクラブ側とストリート・フットボーラーの相性が意外にいいのはマネの後輩であるナビ・ケイタのケースもそうだった。

二段階の適応の後、マネはサウサンプトンでブレイクした。リバプールではさらに名声を高めている。モハメド・サラーとの両翼は世界でも最強だろう。ヨーロッパのサッカーに適応できたのはマネの賢さと向上心を証明している一方、やはり地金はストリートの人である。ずっと大人しくしているわけがない。プロフットボールは高度なチームプレーを要求するが、マネへの期待はプラスアルファの部分にある。敵をやっつけてゴールすること。それに関しては独壇場だ。教育されてきただけでは決してできないプレー、ストリート出身の本領が発揮されている。

シルベスター・スタローンが主演した『勝利への脱出』という映画にペレも出演していた。監督役が黒板で戦術を説明していると、ペレはチョークを奪って「こうやって、こうやってゴールだ」と、1人で敵を全部抜いて得点すれば簡単じゃないかと言う場面があった。映画はハイライト・シーンとなるペレの美しいバイシクル・シュートとともに、四つん這いになってドリブルで疾走するシーンが印象的だった。実際、ペレはそういう選手だった。誰にも思いつかない数々のアイデア、天衣無縫のインスピレーションでサッカーの王になっている。予想ができないという点で、ストリート・フットボーラーほど厄介な相手はない。得体が知れず底がみえない。

マネをどう抑えるかは日本代表の大問題だが残念ながら答えはない。何をするか本人もわかっていないのだから対策のしようがないからだ。

プレーの安定性と繊細なタッチが光る欠点のない万能型スコアラー

ハリー・ケイン

イングランド／トッテナム・ホットスパー

1993年7月28日生まれ、イングランドのウォルサム・フォレスト・ロンドン特別区出身。2004年からトッテナムの下部組織で育ち、2014年からトッテナムのトップチームに定着。プレミアリーグ得点王のタイトルを２度獲得するなど、チームの絶対的ストライカーに成長した。

誰かに似ているが誰にも似ていない

「彼を見ているとアラン・シアラーを思い出す」

ガリー・リネカーはそう言っている。そうかと思えば、かつてスパーズでプレーしたドイツ人ＦＷユルゲン・クリンスマンとの類似性を指摘する人もいる。他にもルート・ファン・ニステルローイ、ウェイン・ルーニー、テディ・シェリンガムなど、多くの名ストライカーたちが引き合いに出されている。まあ、だいたい同じ系統とはいえるが違うといえばかなり違う。

歴代のさまざまなゴールゲッターに似

ているのは言われているのはハリー・ケインだ。ついでに言ってしまえば、筆者はマルコ・ファンバステンにも似ていると思う。

トッテナム・ホットスパー所属の24歳、身長188センチ、体重65キロ……65キロ？　いつのデータかわからないが、現在の本人を見るかぎり65キロということはないだろう。

ただそう書いてあるのだから65キロだったときもあったに違いない。長身で細身、そして万能型のFWである。

ケインを知る人々が共通して証言しているのは「向上心」だ。努力を怠らず、自分で自分を成長させてきたという。その過程では、きっと誰かによく似ていたのだろう。

しかし、時を経過するとまた違う誰かに似ていると言われる。ケインが自分を進化させてきたからだ。そして、もう誰かに似ているとは言われなくなった。誰かがケインに似ていると言われるようになるだけだ。

神童よりも努力家。ティエリ・アンリの事例

7歳でアーセナルの育成チームに入るが、本人はそのころからスパーズのファン

で、家族もそうだったらしい。スパーズとアーセナルはともにロンドンを本拠とするライバルだ。

ケインは11歳のときに念願かなってスパーズに入団している。ユース時代はMFの中央でプレーしていた。やがて攻撃的MFにポジションを上げ、さらにFWになっている。少年時代のケインは体が大きくもなく、スピードもなかったという。

神童と呼ばれる選手がいる。フランスが育成機関を立ち上げたときの1期生だったニコラ・アネルカがそれで、その後も彼を上回る素材はいないそうだ。同時期にはティエリ・アンリがいるが、13歳のアンリは神童ではなかった。

背が高く足も速く、得点を量産していたが早熟系の選手と考えられていたのだ。そのころのアンリの写真を見ると、チームメイトのジェローム・ロテンの倍ぐらい身長がある。あれだけ体格に恵まれていれば、少年サッカーで得点を量産するのは難しくない。アンリはそこを割り引かれて見られていたようだ。

ただ、アンリは努力家だった。クレール・フォンテーヌの寮に入る前まで住んでいたパリ郊外のレズリュスの運動公園には〝アンリの壁〟と呼ばれるコンクリートの壁がある。さながら「２００１年宇宙の旅」に出てくる謎の壁面〝モノリス〟を横倒ししたような壁は表も裏も使えるように公園の真ん中にポツンと立っていた。

アンリはその壁に向かって飽くことなくボールを蹴っていたという。右足のインサイドでファーポストへ巻いていく独特のシュートは、もうそのときにはモノにしていたそうだ。体格や才能よりも、努力が後のアンリを作り上げたのだ。才能の塊だったアネルカより、はるか高みまで上り詰めている。

完璧なのに完成されていない

子供時分は神童ではなく、体格にも恵まれていなかったが、やがて頭角を表し長じて大成するタイプもいる。スーパースターにも意外とこのタイプが多い。ペレ、ヨハン・クライフ、ジーコなど、少年時代はひょろひょろで貧弱な体格だった後のスターはけっこういる。ミッシェル・プラティニは肺活量のテストに不合格でプロテストに落ちた。

かつてはボランチもやったというケインは現在のケインではなかったに違いない。体格にもスピードにも恵まれなかった。ただ、おそらくその時期に現在の基礎を築いたのだ。それは現在の繊細なボールタッチに表れている。

ケインは異常なぐらいボールの収まりがいいFWだが、決して体格任せではなく、敵と自分とボールの関係を的確に保つ。ボールの隠し方が上手いのだ。至近距離でマークしているＤＦにとって予想外のタイミングでパスを捌くのも得意。ワンタッチパスの感覚が並のＦＷとは違っていて、ダイレクトの当て方が柔らかく、ダイレクトで蹴っているのに一瞬足に吸い付いているように見える。

少年時代に体が小さかった選手は技術を磨く。多くの情報をインプットする。そして周囲の状況に敏感だ。そうでないと生き残れないから。多くの情報をインプットする。続けるうちに演算能力が上がり、いつしか反射的に最善の選択をすることも可能になっていく。自分で自分のプレーに驚くようになる。やがてフィジカルが追いついてくると、生き残り戦略として培われた演算能力がモノをいう。

ケインは長身ＦＷだが、プレーの感覚が大きな選手のそれとは違う。簡単にいえば器用なのだ。ロングボールの軌道を読み、ＤＦのミスジャッジを見切る。ＤＦがボールに被ってもケインは釣られない。

常にゴールを狙っているが、必要な瞬間にはちゃんとパスしている。スピード抜群とはいえないもののそれなりに速い。サイドに流れてのドリブルもできる。

ポジショニングが的確でボールタッチが秀逸なのでコンビネーションにも入っていける。空中戦も身長のわりには強くなかったが、それも大きく進歩した。

イングランド代表のデビュー戦、わずか79秒で初ゴールを記録し、今ではキャプテンを務めている。メンタルが安定していてプレーの波も少ない。守備も全くさぼらない。欠点のない何でもできるＦＷなのだが、ケインの恐さはまだ伸びていきそうなところにある。ほぼ完璧なのに完成している気がしない。努力できる才能は常に何かを生み出していくからだ。

あふれる才能にペップも惚れた進化し続けるヤングスプリンター

レロイ・ザネ

ドイツ／マンチェスター・シティ

1996年1月11日生まれ、ドイツのエッセン出身。2014年にシャルケ04でプロデビューを果たす。2016年からマンチェスター・シティに移籍。2017年にはクラブのプレミアリーグ優勝に貢献し、年間最優秀若手選手賞を受賞。ドイツ代表としても、世代別代表時代から活躍を続けている。

ペップとの出会いで起きた化学反応

ある週末、プレミアリーグのマンチェスター・シティのゲームを見た。同じ週末、リーガ・エスパニョーラのバルセロナを見た。どちらも好調で首位を走っているチーム。どちらも軽快にパスを回し、トライアングルを作って攻め込んでいく。ただ、少しだけ違っていた。バルセロナのトライアングル形成が洗練されているのは今に始まったことではなく、それが洗練の極みに達したときの監督は現在シティの指揮官だから、シティが同じように攻めているのは不思議でも何でもない。非常に似た両チームなわけだが、トライアングル形成からフィニッシュへのプレーが違っていた。

バルセロナは何度も攻め直していた。一方、シティはそのまま攻め崩せていた。両者の違いはスピードの差だった。バルセロナの両サイドより、シティのほうが明らかに速いのだ。敵を引き寄せて空いたサイドへボールを流すところまでは一緒でも、そこで止まってしまうバルサ、突破できてしまうシティ。シティにはラヒーム・スターリングとレロイ・ザネがいた。

バルサにはリオネル・メッシがいるので、シティにはできない攻め方ができる。ただ、メッシ抜きでみればシティのほうが強力に見えた。

ザネの父親は元セネガル代表のスレイマン・ザネ。ドイツ人の母親はロス五輪新体操で個人総合銅メダルのレギーナ・ヴェーバー。スポーツのサラブレッドだ。

スカウトがチェックするのは持って生まれた才能だという。才能を伸ばすのはコーチの仕事だが、才能そのものをあとから加えることはできないからだ。チェック項目は5つ。GKの才能、CBの才能、プレーメーカー、ストライカーの才能、そしてサイドプレーヤーの才能だ。

中でもサイドプレーヤーになるための才能は最も先天性に負うところが大きい。スピードが決め手だからだ。速さは筋繊維の割合で先天的に決まっている。マラソン走者はスプリンターにはなれない。

ザネのボール感覚や戦術眼は後天的なものかもしれないが、あのスピードは遺伝だろう。速く走れる仕組みを生まれつき持っている。DFと同じ高さでサイドに開き、そこへジャストのパスが送られてくれば、スペースへのワンタッチとスプリントで難なくディフェンスラインの背後へ入れてしまう。DFはザネのスピードに追いつこうと自陣ゴールへ向かって走るが、ゴールエリアの手前で減速する。そこからはGKのテリトリーであり、減速しなければ自陣ゴールへ自分がゴールインしてしまうだろう。

一方、攻撃側の選手はアクセル全開。ザネがGKとDFの間にスピードのあるパスを通したとき、ブレーキとアクセルの差で攻撃側に有利となる。もし、DFに先に戻られたとしても今度はDFの手前が空く。シティはアーリークロスとプルバックでゴールを量産しているが、それができるのもサイドに絶対的な速さを持つザネ、スターリングの存在が大きい。ザネは試合中のスプリントで時速35・47㎞のプレミアリーグ記録を出したと話題になったことがある。今のところプレミア最速値だそうだ。ちなみにティラノサウルスやヒグマより速いらしい。

速いだけでなく柔らかく、動きに無理が利く。183センチの長身でリーチがあり、スタートとストップが速いうえに歩幅が大きい。ボールを動かす幅とリズムが独特なので、非常につかまえにくい。ただし、現在のザネはおそらくまだ持っている能力の片鱗を示しているだけだと思う。

「君をもっと良いプレーヤーにする」

シティのペップ・グアルディオラ監督はそう言ってシャルケ04からの移籍を促した。ペップは大きな才能と出会ったときに化学反応を起こす監督だ。左利きの右サイドだったザネを左へスイッチしたのは、メッシのゼロトップやフィリップ・ラーム、ダビド・アラバのマルチロールに比べると地味な変化かもしれないが、ザネの縦へのスピードはシティを進化させはじめている。

〝ティキ・タカ〟で堅固な守備ブロックに穴を開けるのが難しくなったのは、ユーロ2016ではっきりしていた。ドイツもフランスもスペインも攻めあぐみ、ボックス内に長身頑健なCFを送り込むことで打開を図っていた。シティは巨大な〝ハンマー〟を持たないかわりに、サイドの速さが有効だということを示している。メッシやネイマールやアザールを持たないチームにとって、どうやって点をとればいいかを教えてくれている。W杯連覇を狙うドイツ代表にも〝メッシ〟はいないが、ザネはいる。21歳で急速に進化しているうえ、毎日のトレーニングでペップの指導を受けている。ロシアワールドカップまでの期間でも、もう今とは違うザネになっているかもしれない。

堅守速攻に欠かせないドリームチームの巨漢モンスター

ロメル・ルカク
ベルギー／マンチェスター・ユナイテッド

1993年5月13日生まれ、ベルギーのアントウェルペン出身。史上最年少の16歳でベルギー・ジュピラーリーグの得点王のタイトルを獲得。2011年からプレミアリーグに渡り、2017年からマンチェスター・ユナイテッドに加入。ベルギー代表としても2014ワールドカップ、EURO2016に出場した。

モンスターかアーティストか

ベルギーは不思議なチームだ。個々の能力はそれぞれ素晴らしく高い。エース格のエデン・アザールがいて、ケビン・デ・ブルイネがいる。キープ力抜群のアクセル・ヴィッツェル、ムサ・デンベレ、ハードワーカーのラジャ・ナインゴラン、突破力ならヤニック・フェレイラ・カラスコ。GKはティボ・クルトワ、控えがシモン・ミニョレ。センターバックにはアヤックス時代からずっと一緒の兄弟みたいなヤン・ヴェルトンゲンとトビー・アルデルヴァイレルト。最近は負傷がちとはいえ重鎮ヴァンサン・コンパニ、トーマス・ヴェルメーレンもいる。

ほぼすべてのポジションに穴がない。全員がハイレベルで控え選手も全く実力に遜色なし。まさに黄金世代のまっただ中。ところが、このもの凄い埋蔵量の資源をあまり有効に使えていない。

２０１４年ブラジルワールドカップ、２０１６年ユーロ、ベルギーの戦い方は同じパターンを辿っていた。最初は圧倒的なボール支配と有無を言わせぬ個人技で押し込みまくる、そして敵陣での大渋滞を引き起こす。埒が開かなくなってマルアン・フェライニを投入してハイクロスを放り込む……ポゼッションもカウンターもできるメンバーなのに、なぜか最後は原始的な放り込み回帰。それでようやく気がつく。やっぱカウンターだな！　闘将マルク・ヴィルモッツ監督、察しの悪い男。ワールドカップでもユーロでもベスト8はベルギーの歴史を鑑みればそう悪い成績ではないのだが、どちらも予選と本大会の間に気づく時間はあったはず。しかも、ブラジルワールドカップでは戦術変更で成功したというのに、なぜか2年後のユーロでは忘れていた。

カウンターをやらせたらベルギーは強い。ロメル・ルカクがいるからだ。

言葉は悪いがサッカー界にはバケモノが何人かいる。ルカクはその１人だ。

１９３センチ、94キロの巨体。これで足が速い。ボーンと蹴り出されたボールを広いスペースで奪い合うとき、ルカクは最強のＦＷである。でかいストライドでたちまちボールに追いつき、絡んでくるＤＦはぶっとばし、さっさとゴールを決めてくれる。草サッカーでこの人がいたら最強間違いなしだ。ただ、豪華メンバーが揃ったベルギーが、そんな草サッカーみたいな縦ポン＋行ってこいモンスター的な戦い方をしたくないのはわからんでもない。中盤にはとびきりのタレントがいて、ＦＷにもナポリで開花したドリース・メルテンスがいる。華麗なるパスワークでワールドカップ史上に名を残すチームにだってなれるかもしれないからだ。しかし、その夢は過去２度に渡って夢に終わっている。結局、頼むぞフェライニ！　になるのなら、頼むぞルカク！　のほうがまだスマートというものかもしれない。

　ルカクにも責任の一端はある。カウンター無双のストライカーは、スペースがなくなると威力が半分以下になるからだ。相手にがっつり引かれたときのルカクは、燃料切れの巨大ロボみたいに佇むだけだ。ボールが入ってくれば体を張ったキープはできるし、空中戦もかなり強い。しかし、小さなスペースで敵のマークを外す動きがほとんどない。パスワークにもあまり絡めない。前線の蓋になってしまうルカクは、ベルギーがポゼッションで行き詰まる原因の１つといっていいだろう。

　渋滞中にもかかわらず、強引にドリブルで何とかしようとするアザールやカラスコもどうかと思うが、前線にアクションを期待できないのがそもそもの原因なのだろう。

闘将からチームを引き継いだロベルト・マルチネス監督には、赤い悪魔を同じニックネームのマンチェスター・ユナイテッドにするか、それともヨーロッパで最も美しいプレーをするナポリにするかの選択がある。ナポリにするならCFはルカクではない、メルテンスで決まりだ。メルテンスは狭い地域をパスワークで破るにはうってつけのFWである。もしマンUで行くなら当然ルカクがエースだ。ルカクを生かすカウンターを軸とした堅守速攻。守備が強くなければ話にならず、カウンター連発で間延びが予想される中盤を埋めるために、ネマニャ・マティッチを獲得した。相手に引かれたときにはヘンリク・ムヒタリアンやフアン・マタがクリエイティブ部門を担当、それでダメならドリブラー投入、さらにベルギー同様のフェライニ投入。ジョゼ・モウリーニョ監督らしい重層的な戦術構成になっている。それもこれもルカクありきだ。

ベルギー代表はたぶんマンU型だと思う。ルカクの控えにはミッチー・バチュアイ、ディヴォク・オリジと似たタイプがいる一方、メルテンスのバックアップが見当たらない。遅攻がそもそも不発だったのはアザール、ナセル・シャドリ、ケビン・ミララス、アドナン・ヤヌザイなどドリブラーばかりでパサーが少なかったという事情もある。守備強化のために監督とひと悶着あったナインゴランを定着させ、速攻がダメなときはデ・ブルイネと協調できるクリエイターの投入で格好はつきそうだ。

得点だけでなくアシストも上手いメッシを引き立てる影の用心棒

ゴンサロ・イグアイン

アルゼンチン／ユベントス

1987年12月10日生まれ、フランスのブレスト出身。生後10カ月でアルゼンチンへ移った。リーベル・プレートでデビューし、2006-07シーズンにレアル・マドリーへ移籍。後にイタリアへ渡り、ナポリを経てユベントスに加入。2015-16シーズンにセリエＡの得点王となり、同リーグの得点記録を更新。

フランス生まれアルゼンチン育ち

ブルターニュ地方のブレスト生まれ、しかし生後10カ月で家族はアルゼンチンへ移住する。名門リーベル・プレートのユースで育ったゴンサロ・イグアインは２００５年にトップチームでデビュー、当時のダニエル・パサレラ監督は「未来のスーパースター」と言った。２年後にはレアル・マドリーへ移籍した。

その間、フランス代表のレイモン・ドメネク監督から招集されたがイグアインは辞退している。その翌年にアルゼンチンの市民権を取得し、２００８年にアルゼンチン五輪代表に招集され、２００９年にはA代表選手としてワールドカップ予選突破のヒーローになった。イグアインにフランス代表の可能性があったのは事実だが、1歳になる前からアルゼンチンで育っている。本人にすればアルゼンチン人という意識しかない。2010年南アフリカワールドカップではディエゴ・マラドーナ監督に重用され、韓国戦ではハットトリックを達成。ワールドカップでのアルゼンチン選手の1試合3得点はガブリエル・バティストゥータ以来の史上3人目だった。ちなみに外国生まれのアルゼンチン代表選手もイグアインで3人目だった。

当初、イグアインのポジションは決まっていなかった。ウイングやトップ下でもプレーしていて、最前線に固定されるようになったのはレアル・マドリーでの2年目あたりからだ。ラウル・ゴンサレスとの2トップで2008–09シーズンに22ゴールをゲットし、チーム内最多得点者になっている。09–10シーズンは出遅れてレギュラーポジションを得たのが10月だったにも関わらず前季を上回る27ゴールでリーグ2位だった。11–12はカリム・ベンゼマのバックアップ扱いだったが、プレー時間あたりの得点率ではリオネル・メッシやクリスティアーノ・ロナウドを上回る活躍を示している。2013年にイタリアのナポリへ移籍、エースストライカーとして存在感を示し、2016年に物議を醸したユベントスへの移籍となる。イタリアには南北に根強い感情の対立があり、ユーベへの移籍はナポリファンを怒らせた。

１８４センチ、81キロと高さも重さもあり、巨体のセンターバックと渡り合うパワーを持つ。俊敏でテクニックも素晴らしい。もともとＭＦもこなせる技術と戦術眼があり、得点だけでなくアシストも上手い。

パスを受ける動きが上手いのもイグアインの特徴だ。瞬間的にマークを外してパスを受け、あっというまにフィニッシュへ持ち込む。ＧＫとの1対1では、右足のアウトで触ってから間髪入れずに右足のインサイドで角度をつけたシュートを打ち込むのを得意としている。最初のタッチでＧＫの体重移動を誘っているわけだが、ＧＫとの駆け引きがシュートまでのリズムに入っているのは点取り屋らしい。

パスを受けて抜け出しても、あまりにも正直にシュートを打ってしまうとＧＫに防がれやすい。しかし、ＧＫを見て逆をとろうとすると意外とＧＫの守備範囲に蹴ってしまう、シュートの方向を読まれてしまうといったミスが起こる。イグアインは迷わずゴールの隅へシュートするが、そのときの手順の中にすでにＧＫとの駆け引きが入っていて、おそらくとくに意識することなく実行している。

アルゼンチン代表のＦＷはメッシと共存しなければならない。２０１4年ブラジルワールドカップ、イグアインは1トップとしてトップ下のメッシとコンビを組んだ。攻撃時は最前線に張るが、守備ではメッシの代わりに引いてハードワークする。そして攻撃に切り替わるとメッシを追い抜いて再びトップへ出る。かなりの重労働だった。

サッカー史上のスーパースターは、たいていFWとMFの中間に位置する。ディステファノ、ペレ、クライフ……そうなると、彼らと組むFWの労働量は必然的に増える。とくに現代サッカーでは、2人も守備をしないとなると守備組織が成り立たないので、本来なら守備負担が軽いはずの1トップがハードワークを請け負わなければならない。スーパースターをフレッシュな状態にしておかなければならないからだ。

メッシは1試合に数回の〝ラッシュ〟を行う。ドリブルで2、3人を外して相手守備陣を破壊する単独プレーだ。アルゼンチンにとっては決め手となるプレーだが、かなりエネルギーを使う。メッシを疲弊させられないので、メッシの分まで守れる相棒が必要になる。イグアインはそれを請け負える体力とセンスがあった。かつてのマラドーナとホルヘ・バルダーノの関係に似ていた。

開幕時には別人のように肥えているイグアインが本調子に戻るのに1、2カ月を要するのが恒例になっている。30歳の現在、再びメッシの用心棒が務まるかどうかは微妙だが、いずれにしてもアルゼンチンには〝イグアイン〟が必要なことは変わりない。

打開力とシュートの上手さが光るメッシの後継者

パウロ・ディバラ

アルゼンチン／ユベントス

1993年11月15日生まれ、アルゼンチンのコルドバ州出身。インスティトゥート・コルドバでプロデビュー。2012年にイタリアのパレルモに加入。2015年からユベントスで活躍する。同クラブでリーグ、カップ戦などのタイトル獲得に貢献し、2017年に年間ベストイレブンにも選出された。

独特のシュートセンス

シャビ・エルナンデスは中央でプレーできる選手の資質として、「360度のターン」をあげている。実際に360度ターンすることはないと思うが、180度ではないところが面白い。後方からパスをもらってワンタッチで前を向くだけでなく、さらに角度を広げられるかどうかを問うている。

イニエスタ、ダビド・シルバ、モドリッチなどは足にボールをつけたまま全方位的なターンができる選手だが、パウロ・ディバラもそのうちの1人だろう。

ディバラにはさらに素早さがある。タッチライン際で挟まれて、もうどうにもならないような状況でもすり抜けられる。ディバラの「脱出ショウ」はピッチのあちこちで披露されていて、限定されたエリアでプレーできる希有な才能の持ち主だ。

ゾーンディフェンス攻略の定石として「間受け」がある。ゾーンの隙間でパスをうけて守備を収縮させ、そこからボールを逃がすことで逆に広がった周囲のスペースを生かすわけだ。ところが、間受けが成立しているのにいっこうに打開できないシーンもよく見る。

せっかくいい場所で受けていてもターンできないのだ。ターンできないので後方へボールを戻す。それも決して悪いプレーではないが、ずっとそれでは打開できない。シャビの言う360度ターンのできる選手がいないと、ボールを保持していてもなかなか崩せないのだ。

アルゼンチンにはリオネル・メッシがいて、パウロ・ディバラがいる。メッシとディバラの共演は誰もが期待したくなるのだが、今のところそれは機能していない。

2016年9月1日のワールドカップ予選、ウルグアイ戦でアルゼンチン代表デビュー。ところが、その試合でディバラは2枚目のイエローカードで退場になってしまう。

南米予選で苦戦が続いたアルゼンチンはホルヘ・サンパオリ監督に交代、切羽詰まった状況で引き継いだサンパオリはメッシ中心の編成で固め、ディバラの出番はなくなった。ただ、ロシア・ワールドカップでメッシとディバラのタンデムが実現する可能性はあると思う。

代表チームはほとんどまとまった練習時間をとれないのが現状だ。まして監督を代え、予選落ち寸前の状況になれば冒険やテストをする余裕はない。ワールドカップ前になれば強化期間もあるだろうから、改めて2人の共存を探るのではないか。

デビュー戦で退場はメッシもそうだった。2005年のハンガリー戦で退場になっている。ヨハン・クライフも代表2試合目（チェコスロバキア戦）で退場処分。未来のスーパースターも最初からすべてが上手くいくとは限らない。

狭いスペースでの打開力とともにシュートの上手さもディバラの特質だ。目の前のDFを利用して打つシュートの感覚は独特である。

タックルしてくるDFの足の間を抜くシュートはよく見るが、ディバラは足を広げていなくてもDFの足のすぐ横を通すシュートを狙っている。GKからはDFで隠れていてボールが見えない状況を利用しているのだ。

DFとGKとポストの位置関係を感じながらシュートへ持っていく。優れたゴールゲッターに共通しているポストの位置を見ないでも把握できる能力、それだけでなく

ＤＦの位置からポストの位置を割り出し、ＧＫへの影響も瞬時に計算している。

問題はあまりにもプレースタイルがメッシと重なりすぎていることだろう。普通に考えればメッシは２人いらない。ディバラはメッシのバックアップと考えられる。

ただ、サンパオリ監督はなかなか奇特な人なのだ。マルセロ・ビエルサの熱烈な信奉者だが、優勝したコパアメリカではホルヘ・バルディビアを起用している。天才型のバルディビアは創造性で図抜けているが、ビエルサ方式のトータルフットボールでは使い方が難しかった。

ビエルサはフアン・ロマン・リケルメも使わなかった。しかし、サンパオリはバルディビアを生かし、セビージャではやはり扱いが難しいサミル・ナスリを中心に据えて攻撃をグレードアップさせている。完璧を追求するあまり天才を組み込めなかった師匠と違って、サンパオリは何かを捨てて何かを得ることを知っているような気がする。

メッシだけでもアルゼンチンは優勝できるかもしれない。前回大会あと一歩まで行ったときがそうだった。ただ、その場合にスーパーなのはメッシだけだ。メッシとディバラがいれば、アルゼンチンはチームとしてもスーパーになれるかもしれない。それはどんな監督にも簡単に諦めがつかない誘惑ではないだろうか。

なぜかいつもそこにいる……三代目ミュラーの優れたゴール嗅覚

トマス・ミュラー

ドイツ／バイエルン・ミュンヘン

1989年9月13日生まれ、ドイツのヴァイルハイム出身。2000年からバイエルン・ミュンヘンの下部組織で育ち、2008年にトップチームデビューを果たす。同クラブでリーグタイトルやUEFAチャンピオンズリーグ優勝に貢献。ドイツ代表としても2014ワールドカップ優勝を果たした。

なぜかそこにいつもミュラー

ミュラーはドイツではよく聞く名前だ。日本なら田中さん並みに多いのではないかと思うのだが、なにしろ珍しい名前ではない。とはいえ、ドイツ代表のゴールゲッターにミュラーが3人いるとなると、そこまで多い名前でもないだろうとは思う。

最も有名なゲルト・ミュラーがワールドカップ優勝を置き土産に代表引退すると、跡目を継いだセンターフォワードはやっぱりミュラーだった。こちらはディーター・ミュラー。爆撃機と恐れられたゲルトとは比較できないが、１９７６年のヨーロッパ選手権準優勝に貢献し、１F

Cケルンやフランスのボルドーでも活躍したFWだった。

そして3人目がトマス・ミュラーである。間にハンジ・ミュラーもいるのだがゴールゲッターではなくプレーメーカーなので、ゴールゲッターとしての三代目ミュラーはトマスということでいいのではないかと思う。ちなみにトマスの父親のファーストネームはゲルトで、初代ミュラーと同姓同名ということになる。

3人のミュラーに共通するのは得点力だけではない。得点力に「不思議な」という形容詞がつくのも同じなのだ。初代ミュラーのゲルトは得点力で図抜けていた。二代目、三代目との比較どころではなく、サッカー史上でも最大の点取り屋なのだ。ブンデスリーガ通算365得点は歴代1位。西ドイツ代表では62試合で68点とっている。チャンピオンズカップ（現在のCL含む）史上でミュラーより多くの得点をとった選手はいるが、1試合あたりの得点率はいまだに破られていない。二代目ディーターはゲルトに比べるとスマートで長身、ヘディングやボレーを得意とするゴールハンターではあったが、初代に比べれば普通のFWである。現在の三代目トマスは体格についてはディーターに似ている。ただ、点のとり方はゲルトに通じるものがある。実績でも二代目を優に上回り、初代ミュラーに迫る勢いだ。ゲルト・ミュラーの得点は「リトル・ゴール」と呼ばれ、ほとんどがペナルティーエリア内からの得点だった。トマス・ミュラーにはエリア外からのミドルシュートもあるが、やはり多くの得点がゴールへの至近距離から記録されている。ゲルトは常にボックス内にいて敵の厳しいマークを受けていたにもかかわらず、こぼれ球には誰よりも早く反応して押し込んでしまう。トマスのほうも、どこからともなく現れてクロスに合わせる、セカンドボールを拾って押し込むシュートを得意としている。

味方のシュートが誰かに当たったらそこにミュラー。ポストに弾かれたところにミュラー、DFのクリアミスにミュラー……なぜかそこにいつもミュラーというところは初代と三代目の共通点である。その不思議な能力について、ゲルト・ミュラーに聞いたことがある。

「決して偶然ではない。例えば、ある選手がある場所である持ち方をしたとき、ボールが出てくるのはソコしかないとわかる」

ただ、その予測が的中する確率を重ねて聞いてみると、

「20パーセントぐらいかな」

と、デア・ボンバーは答えていた。

ヤマカンにしろ必然の予測にせよ、それが2~3割当たるというのは、それなりに高い確率といっていいのかもしれない。トマス・ミュラーはボックス内専門の初代よ

りも、無駄走りの距離は何倍にもなるはずだ。それでもたいていのチャンスには食いついてくる。実際、ペナルティーエリアの外から何かに突き動かされるようにゴール前へ疾走していくミュラーには鬼気迫るものがある。端からみれば、何を根拠にそこへ走っていくのかよくわからないことも多いのだ。ゲルトが言った「必然」がトマスにもあるのだろう。しかしそれ以上に、たとえ無駄に終わってもゴールへと襲いかかっていかざるをえない「飢え」、それもまたミュラーの名を持つ者の性なのかもしれない。彼らはゴールの狩人だ。狩人は狩りに出ても獲物を持ち帰れるとは限らない。空振りに終わることも多いだろうし、何日も雨風や空腹に耐えて待ち続けることもある。その執念と耐久力、そしていざ獲物を前にしたときに仕留める冷静さ。希代のゴールハンターだって何度も仕留め損ねる。だが、それが恥ずかしいからやめるという選択肢は彼らにはない。何度失敗しようが、最後に獲物を持ち帰ることだけが重要だからだ。

サッカーの分析が進んだ現在においても、ゴールゲッターたちの不思議な能力に答えを出したという話は聞いたことがない。多産の点取り屋は皆それぞれのやり方で獲物を狩る。わかっているのは彼らが点をとれるということだけだ。ただ、ミュラーという名前に出くわしたら、少し気をつけたほうがいいのかもしれない。

偽9番システムで才能が遺憾なく発揮された小さな巨人

ドリース・メルテンス

ベルギー／ナポリ

1987年5月6日生まれ、ベルギーのルーヴェン出身。母国クラブでキャリアをスタートし、オランダのクラブを経て、イタリアのナポリに加入。同クラブでカップ戦優勝に貢献するなど活躍し、ストライカーとしての才能が開花。ベルギー代表としても2014ワールドカップ、EURO2016に出場した。

スモール・イズ・ビューティフル

身長169センチ。10歳でアンデルレヒトにスカウトされて下部組織で5年間プレーしたが「小さすぎる」という理由で放出された。次のヘントでも「プロでやれるフィジカルがない」として3部リーグのエンドラハト・アールストへ。そこで年間最優秀選手賞に選出される活躍でオランダのAGOVV（2部リーグ）へ移籍した。

アンデルレヒトでもヘントでもドリース・メルテンスのテクニックとセンスは認められていた。しかし体が小さいために「プロでやれない」と見切りをつけられた。実はこれ、スタープレーヤーの伝記に非常によく出てくる話である。そもそも歴代のスーパースターに長身選手はむしろ少ない。ペレは171センチ、フェレンツ・プスカシュ172センチ、ディエゴ・マラドーナは165センチ、リオネル・メッシ170センチ。1977年のバロンドール受賞者であるアラン・シモンセンは165センチだった。少なくてもアタッカーに関しては小さい選手のほうが有利といっていいぐらいなのだ。

空中戦を除けばボールは下にある。技術と俊敏性のほうが決定的で、身長の高さにはほとんど優位性がない。フィジカルコンタクトは大きな選手のほうが有利だが、体を当てられる前にすり抜けるか、体幹の強さで対抗すれば体格の差はカバーできる。

オランダの2部リーグで大活躍したメルテンスは強豪クラブのユトレヒトへ移籍し、さらに3強の一角であるPSVアイントホーフェンへ、2013年にはイタリアの名門ナポリへ移籍した。

ラファエル・ベニテス監督の補強第一号としてナポリ入りしたメルテンスだったが、先発メンバーの座をつかめずにいた。ゴンサロ・イグアイン、ホセ・マリア・カジェホン、ラウル・アルビオルといった有望選手が続々と加入していた。素早いカットインからのシュートが十八番のメルテンスにとって、クラブ生え抜きのロレンツォ・インシーニェの存在が壁になっている。

しかし、全く出場機会がなかったわけではなく、むしろ残り20分のスーパーサブとしての地位は確立していた。相手の足が止まり始める時間帯で登場し、キレ味抜群のドリブルで引っかき回し、決定的なプレーで得点に絡む仕事で評価を上げていた。レギュラーポジションを確保したのは2016－17シーズンにイグアインがユベントスへ移籍したのがきっかけになっている。

エースストライカーの移籍と控えＦＷの相次ぐ負傷によって、主にウイングとして活躍していたメルテンスがＣＦに起用された。マウリツィオ・サッリ監督は以前からメルテンスの偽９番のアイデアを持っていたそうだが、実行に移すまでに1年近くかけている。満を持しての偽９番システムは驚くべき効果を示した。

サッリ監督が導入したパスワークのサッカーは正確なボールコントロールが不可欠だ。正確に止める、蹴る技術がないと到底成立しない。例えば、普通のチームのサッカーがセンチメートル単位とするなら、ナポリはミリメートルである。単位が違う。だから普通のチームなら味方がマークされているので諦めるパスでも平気で通す。狭い地域もコンビネーションやドリブルで抜けられる。

その緻密なプレースタイルの中で、メルテンスの技術と俊敏性が遺憾なく発揮された。トップのポジションから少し下りてパスを受け、さばいてもう一度裏へ抜ける。

ドリブルで突破し、左右へ散らし、スルーパスを出し、シュートを打つ……。いわばナノレベルのプレーが要求される狭い地域だからこそ、メルテンスのサイズの小ささが武器になった。小さな選手のステップワークの変化や急激な加速に対して、歩幅の大きな長身選手はついていけない。タイミングが合わない、合わせきれない。これはマラドーナやメッシや他の小柄なアタッカーに共通するアドバンテージである。

メルテンスはボールタッチのセンスが抜群だ。瞬間的にボールの最適な一点を触ることができる。GKが飛び出してきたらチップして外すこともできるし、加速しながら一番いい場所へボールを置くこともできる。さらにキック力がある。右足インサイドでカーブをかけたシュートは正確でスピードがあり、FKからもよくこのキックで得点する。速い弾道でクッと曲がる。ナポリで絶妙のコンビを組むインシーニェはメルテンスより身長が低い163センチ。この2人はプレーぶりがよく似ていて、左からカットインしてファーサイドへ巻いていくシュートはそっくりだ。

かつてマラドーナはジネディーヌ・ジダンを評して「もっと身長が低かったら史上最高の選手になれただろう」と言った。「小さくてプロは無理」とされたメルテンスは、多くのスターたちと同様にその偏見を覆した。本当はこう考えるべきなのだろう。「この選手は素晴らしい才能があるが、残念ながらプロでやるには大きすぎる」と。

足を止めずにフリーになる動きでゴールを量産する若きストライカー

ガブリエル・ジェズス

ブラジル／マンチェスター・シティ

1997年4月3日生まれ、ブラジルのサンパウロ州出身。パルメイラスの下部組織で育ち、2015年にトップチームに昇格。同クラブで活躍し、後にマンチェスター・シティに加入。2017-18シーズンのプレミアリーグ優勝に貢献。ブラジル代表としても2016年にデビューを果たしている。

足を止めないゴールゲッター

かつてイビチャ・オシム監督のサッカーは「走るサッカー」と呼ばれた。「走らないサッカーなんてあるのですか?」というオシムの切り返しはともかく、サッカー選手は何も考えずに走ることはできない。一時期はよく試合中の走行距離が話題になったものだが、走行距離をのばすだけなら簡単にできる。味方のゴールキックのときに全選手が50メートル往復すればいい。もちろん、そんな馬鹿げたことをするチームはない。試合中に選手が走るのは何かの目的がなければ走らないので、もっと走るためには走る目的を見つけなければならないわけだ。つまり、オシム監督が「走れ」と言ったのは同時に「考えろ」と言っていることになる。ガブリエル・ジェズスはボールがないときの動きが秀逸だ。クロスボールからのシュートを得意とし、シュートするときはたいていフリーである。身長175センチのジェズスはセンターフォワードとしては小柄な部類だろう。巨体のセンターバックとまともに競り合っていたらあんなに点はとれない。ゴール前でフリーになれるからシュートを打てるし点もとれる。

「私にとっては世界一のアタッカー。びっくりするのはクロスに合わせられること。大きくないのに必ず合わせてくる」

ブラジルとの親善試合のときに、ヴァイッド・ハリルホジッチ前監督はそう話していた。自身もセンターフォワードだったハリルホジッチは「止まったプレーをしない」と称賛している。ゴール前でジェズスは止まっていない、動いている、つまり常に何かを考えている。DFの背後にポジションをとり、急に動いてDFの鼻先でクロスボールに合わせる、逆に手前から背後へ消えて合わせる、ジェズスは変化に富んだ動きでDFのマークを外してフリーになる。素晴らしいのはタイミングだ。DFのマークを逃れてフリーになることはできるとしても、そこへボールが来ていなければシュートは打てない。つまり、ジェズスはクロスボールに合わせる動きと、DFのマークを外す動き、その両方を同時に成立させているわけだ。

クロスボールを叩いて得点に変えるストライカーは「ハンマー」と呼ばれ、昔から典型的なセンターフォワードとされてきた。ハンマー型FWの多くは大型で頑強なタイプだった。現在でもイブラヒモビッチやジェコなどがこのタイプだ。彼らはジェズスのような細かい動きはあまりしない。むしろ足は止まっている。イブラヒモビッチやマンジュキッチはファーサイドのゴールエリア角ぐらいが〝お気に入り〟の場所だ。そこにどっしりと構えてハイクロスを待つ。チームメートも彼らがそこにいるのは知っているので、そこへ良いボールを蹴ればいい。長身ハンマーはとにかく打点が高くDFとのバトルに自信があるから、マークを外すよりも味方に自分の居場所をはっきりさせておいたほうがいいのだろう。

ジェズスは明らかにこのタイプではない。足を止めて戦うのではなく、足を止めずにフリーになる。小柄なハンマーもいないわけではなく、ゲルト・ミュラーやガリー・リネカーは敵を出し抜いてゴールを決めるスペシャリストだった。ジェズスはこちらの系譜だ。フリーになることと、ボールが来たときに〝そこ〟にいること。この2つのタイミングを合わせるのがポイントになる。その点で、ジェズスがマンチェスター・シティに所属しているのは非常にプラスに作用しているに違いない。

足を止めないストライカーは、クロスボールを蹴る側にとっては実は非常に見つけにくい。イブラヒモビッチやマンジュキッチのように止まっていれば標的にしやすいが、ジェズスみたいに常に動いていると視界に入りにくく、どこでボールをもらいたいのか瞬間的に把握できないのだ。さらにクロスボールはそれなりに距離のあるパスなので、目視してから蹴り出すまでに少し時間がかかり、ボールがゴール前へ届くまでにも時間がかかる。その間にゴール前の状況は目視したときから変化している。だから蹴る側は、アーセン・ベンゲル監督の言うところの「パスは未来に出せ」を実行しなければならない。2秒後の未来がどうなっているか、クロスボールを蹴る選手と受ける選手に共通のイメージが必要になる。ジェズスにとってシティというチームがプラスなのは、そのイメージの共有が重視されているからだ。そもそもクロスボールの数が多く、しかもおあつらえ向きに低くて速いボールがほとんど。あとは蹴る側とジェズスのイメージが合っているかどうかだが、狙うポイントはそんなにたくさんあるわけではない。要は蹴るときに敵がいない場所が〝待ち合わせ〟のポイントになる。ＤＦが戻り切れていなければＤＦとＧＫの間になるし、戻りそうならその手前は空く。あとはＤＦとＤＦの間への浮き球だが、シティの場合はあまり使わない。ジェズスとしては、味方が狙うであろうポイントとは違うところへ動いておいて、ボールが入ってくるタイミングで〝そこ〟へ行けばいい。ただ、ジェズスが思ったタイミングでボールが入ってこないこともある。そのときは素早くアイデアを変えて次のポイントを狙う。そこにジェズスの非凡さがあり、思考の連続性が動きの連続性につながっている。

サンパウロのジャルディム・ペリは治安のいい街ではなかったようだが、母親の女手１つで育てられたジェズスが道を踏み外すことはなかった。かつてパリ・サンジェルマンの選手寮を取材したときにブラジルから来た少年がいた。彼をパリに連れてきたスカウトの決め文句が「ここ（ファベイラ）にいて麻薬の運び人になるか、パリへ行ってサッカー選手になるか」だった。サッカー選手になれるのはごく一握りなので、大半はドラッグ・ディーラーへの道ということになる。犯罪に手を染めるのは特殊なことではなく、ごく普通に生活していればそうなる環境ということなのだろう。

15歳でパルメイラスの育成チームに入り、48試合で54得点して只者でないことを示した。２０１４年のU－17選手権でも22試合で37得点を叩き出す。２０１５年にはトップへ昇格した。このときからガブリエル・フェルナンドではなく、ガブリエル・ジェズスと呼ばれるようになった。ポルトガル語のジェズスは英語ならイエス、イエス・キリストである。もともとガブリエルも三大天使の１人の名前だが、さらに神の子の名前まで加えられた。パルメイラスの広報担当者のアイデアで、ジェズスが敬虔なクリスチャンだったからだそうだ。背番号もキリストが生きた33年の人生にあやかって33番になった。ブラジルでは〝フェノメノ〟とも呼ばれていて、これはロナウドのニックネームだった。ロナウドはジェズスよりもずっと大柄で、得点パターンもクロスボールからのシュートよりもドリブル突破が得意。ジェズスとはタイプが違うようだが、パルメイラス時代はドリブルからの単独ゴールも多かったのだ。

２０１６年の夏にはマンチェスター・シティへの移籍が決まっていたが、ジェズスの希望で冬のマーケットまで先延ばしされている。11月まではパルメイラスに残り、22年ぶりの全国選手権優勝をもたらしてから年を越して1月に移籍した。ジェズスはストライカーにありがちな個人主義者ではなくアシストも多い。世話になったパルメイラスにタイトルを残してから去ったところに性格が表れている気がする。

プレースタイルもペップ・グアルディオラ監督の指導の下に整理された。無駄なドリブルが減り、シンプルなプレーを基調にゴール前で力を発揮している。俺が俺がというタイプとは全く違う。それでいて得点率は図抜けている。まだ21歳、経験を積んでまだまだ伸びるだろう。ハリルホジッチが「世界一」と認めたストライカーは、宇宙に手が届いてしまいそうだ。

くせもの感がハンパない！どこでも活躍するトリックスター

アンヘル・ディ・マリア

アルゼンチン／パリ・サンジェルマン

1988年2月14日生まれ、アルゼンチンのロサリオ出身。ロサリオ・セントラルでデビューし、2007年から欧州に渡る。レアル・マドリー在籍時にUEFAチャンピオンズリーグ優勝などのタイトル獲得に貢献。マンチェスター・ユナイテッドを経て、2015年からパリ・サンジェルマンで活躍する。

天使のくせもの感

くせもの感がすごい。レアル・マドリーのCL優勝に貢献しながら追い出されるようにマンチェスター・ユナイテッドへ移籍したときは「顔がレアル向きじゃないから」などと、かなり酷いことも言われていた。ただ、顔自体はむしろハンサムの部類ではなかろうか。顔じゃなくてプレーの雰囲気かもしれない。こう言っては大変失礼だが、ねずみ小僧とか忍者とか、天井裏に潜む姿がやけに似合いそうなのだ。

異常なぐらい身軽、左足の使い方がへン（踏みだしと足首の角度が逆とかしょっちゅう）、何となく猫背、わけのわからないトリックプレーなど、アニメのヒーローにたとえるとスーパーマンではなくスパイダーマン的なのだ。

アンヘル・ディ・マリアはアルゼンチンのロサリオ出身。幼少時はあまりにも活発すぎて親は多動性障害を疑ったという。医者の薦めで3歳にしてサッカーを始めた。元気が余っているならスポーツでもさせなさいということだろうか。4歳で地元のトリントから名門ロサリオ・セントラルへ〝移籍〟したときは、ロサリオから見返りとしてボールが贈られたそうだ。

17歳でプロデビュー。最初はサイドバックだったが対人に弱く、コーチから「他の仕事を探したほうがいい」とまで言われた。しかしウイングにコンバートされて持ち前のテクニックとスピードが生きた。2007年のU-20ワールドカップで活躍し、ボカ・ジュニアーズとアーセナルが興味を持ったが、ディ・マリアはポルトガルのベンフィカへ移籍する。

ベンフィカはアトレティコ・マドリーへ移籍したシモン・サブローサの後釜を探していた。シモンと利き足は逆の左だが、変幻自在のドリブルと正確無比なラストパスはベンフィカが求めるタイプだった。

ベンフィカに移籍した2007年には、ディエゴ・マラドーナが「アルゼンチンの次代のスーパースター」と太鼓判を押していた。変態的なボールタッチと加速力、ピンポイントの左足キック、一瞬の隙を見逃さない目。細いのに接近戦に強く、体のさばき方が普通ではない。ポルトガルで活躍した後、2010年にはレアル・マドリーへ移籍。ウイングだけでなくインサイドハーフとしてもプレーして幅を広げた。

レアル・マドリーはスター揃いのチームだが、全員の個性が尊重されるわけではない。左サイドはクリスティアーノ・ロナウドがいるので、ガレス・ベイルは右でプレーしなければならなかった。そうするとディ・マリアの居場所は右にも左もないわけだ。中央へのコンバートは玉突き人事の結果なのだが、ディ・マリアはそこで力を発揮している。CL10冠目のデシマは、ディ・マリアの献身なしにはありえなかっただろう。

2014年、ワールドカップが終わるとトニ・クロースとハメス・ロドリゲスがレアルに加入した。ブラジルで最も輝いた2人が来たことで、ディ・マリアはレアルから出ることを決意する。カルロ・アンチェロッティ監督は「彼だけは出すな」と念を押してオフに入ったにも関わらず、レアルは結局ディ・マリアをマンチェスター・ユナイテッドに放出してしまったわけだ。

移籍金はプレミアリーグ記録の5970万ユーロ、背番号は7番。ユナイテッドのエースナンバーで、ジョージ・ベスト、ブライアン・ロブソン、エリック・カントナ、デイビッド・ベッカム、クリスティアーノ・ロナウドが背負ってきた背番号だ。ところが、ユナイテッドの未来を託されたはずのディ・マリアはわずか1シーズンでパリ・サンジェルマンへ移籍している。パリへ移った2015年時点で、ディ・マリアの移籍金累計は1億7700万ユーロとなり史上最高額となった。

ユナイテッドではルイ・ファンハール監督と合わず、メディアからシーズン最悪の補強と酷評されたが、プレーぶりがそれほど悪かったわけではない。ただ、期待が大きかったわりには活躍できなかった。PSGでは2015－16シーズンに18アシストのリーグアン新記録を樹立し、好調を取り戻す。しかし今季からネイマールとエムバペが加入してディ・マリアはポジションを失い、一時は中国への移籍も噂されていた。

ディ・マリアはどのチームでもエースになれる実力者だが、その実力ゆえにビッグクラブに属し、ロナウドやネイマールの引き立て役に回された。アルゼンチン代表でもリオネル・メッシをサポートする立場にある。ただ、持ち前のハードワークと適応力で名脇役を演じている。しかもくせのある脇役でありトリック・スターだ。エースでないのにエースより目立つこともある。やはり、くせもの感がハンパない。

FW不足に悩むドイツに現れた新進気鋭のスピードスター

ティモ・ヴェルナー

ドイツ／RBライプツィヒ

1996年3月6日生まれ、ドイツのシュトゥットガルト出身。シュトゥットガルトで2013年にトップチーム昇格。2016年からRBライプツィヒに加入した。各年代のドイツ代表としても活躍し、2017年のコンフェデレーションズカップでは同国代表の優勝に貢献。大会得点王にも輝いた。

長所はスピード

VfBシュットゥトガルトのユースで育ち。16歳のときにはU－19でプレーしていた。2012－13シーズンにトップデビューを果たしたのが17歳4カ月25日でクラブ最年少記録だった。初得点も最年少。18歳でブンデスリーガ50出場を達成したのもリーグ記録。

ティモ・ヴェルナーは足も速いが出世も早い。2017年にドイツ代表に招集されると、同年のコンフェデレーションズカップでは3ゴール2アシストの活躍でゴールデンブーツを獲得した。

180センチのガッチリとした体格。トップスピードに乗るのが速い。フィニッシュも確実。びっくりするようなテクニシャンではないが、とにかく速いし敏捷で何よりエネルギーに溢れている。２０１６年に１０００万ユーロの移籍金でＲＢライプツィヒに移籍。最年少（20歳）でブンデスリーガ１００試合出場を達成した。16－17シーズンでは21ゴールを決め、ドイツ人では最多得点者となる。ライプツィヒもクラブ史上初のＣＬ出場権を獲得した。

ヴェルナーの長所はスピード。ディフェンスラインの裏へ飛び出してパスを受け、そのまま一気にフィニッシュというのが得意の得点パターンだ。ファーストタッチでボールを動かしていて最初のタッチから加速する。ボールを止めるというより、ファーストタッチがドリブルに直結している。意外と言っては失礼だが、このときのタッチが上手い。ちょうどスピードに乗れて離れすぎないところにコントロールする。

ライプツィヒとの相性も良かったと思う。ラルフ・ラングニックＳＤ（スポーツディレクター）が掲げる直線的にゴールを目指す攻撃にヴェルナーはぴったりだったのだ。２トップを組むユスフ・ポウルセンとの相性もまた良かった。ポストプレーヤーのポウルセンとヴェルナーのコンビは棲み分けがはっきりしていて互いを生かせる関係である。トップクラスのＦＷでも何でもできるという選手は少ない。およそ個性がはっきりしていて、自分の形を持っている。だからこそ点がとれるわけだ。

ただし、ドイツ代表はライプツィヒのようにはいかない。ヴェルナーにとっては難しいところである。1トップのドイツにはポウルセンのようなパートナーはいないし、ボールを支配して押し込む展開が多いので、ヴェルナーが狙えるスペースは限られている。より難しい条件で特徴を発揮しなければならず、アジャストできるかどうかがロシアワールドカップでポジションを確保して活躍するための条件になりそうだ。

違うスタイルへの適合

ドイツ代表の歴代センターフォワードには、クロスボールを叩き込むタイプが多かった。ゲルト・ミュラーはクロスボールに特化していたわけではないが、プレーするのはほぼペナルティーエリア内という異能型。その後はクラウス・フィッシャー、ルディ・フェラー、ユルゲン・クリンスマン、ミロスラフ・クローゼ、マリオ・ゴメスといったゴール前待機型が多い。フェラーはヴェルナーに近いかもしれないが、裏とりのスピードスターがいなかった。

最近はむしろマリオ・ゲッツェが偽9番としてプレーするようになっていて、ドイツの伝統だったセンターフォワードの系譜は途絶えかけていた。トマス・ミュラーはハイアベレージのゴールゲッターだが、最前線に張るタイプではない。ヴェルナーは久々に現れた期待の新星なのだ。

ところが、チームのプレースタイルとの相性はあまり良くない。周囲のアシストは期待できるとしても、ヴェルナー本来の特徴をどう生かしていくかはまだはっきりしていない。ヴェルナーがアジャストするか、チームがゴールゲッターに合わせるかだ。現状ではヴェルナーが適応することになるだろう。

ゲルト・ミュラーが驚異的なペースで得点を量産できたのは、彼自身の異能もあったがチームメイトの理解も大きかった。バイエルン・ミュンヘンのウリ・ヘーネス、フランツ・ベッケンバウアーなどが中心にいたので、攻撃自体がミュラー仕様になっていた。ヴェルナーのチームメイトは代表にはおらず、ミュラーほどの実績もまだない。トニ・クロースやメスト・エジルといったパサーの特徴を押さえながら生かしてもらう、ミュラーと協調するなど、代表の中での自分の居場所を見つけなければならない。それができたときには、もう一回り大きな存在に成長しているだろう。

COLUMN

進化する戦術と個

GKからのビルドアップ

ゴールキックの方法はチームの戦術、考え方が端的に表れる。リスクを負ってもパスをつなごうとするチーム、パスはつなぎたいけれどもあまりリスクを負いたくないチーム、なるべくリスクを負いたくないチームの3種類に大別できるだろう。

リスクを負ってもパスをつなぎたいチームは、ゴールキック時にセンターバックが左右に大きく開く。バルセロナなどは、ゴールラインぎりぎりまで下がってペナルティーエリアとゴールラインが交わる場所近くにポジションをとっている。そこが最もGKからのパスを受けやすい場所だからだ。そして、中央のペナルティーエリア外にはMFが1人下りてくる。さらに、タッチライン沿いのなるべく高い位置にサイドバックがポジションをとる。このセンターバック、MF、サイドバックのポジショニングが最大限パスをつなぎたいチームに多く見られる特徴的な配置である。

相手がディフェンスラインに1人を余らせておくとすると、攻撃側の誰か1人はフリーになる。攻撃側のFWをフリーにすることはまずないので、センターバック、MF、サイドバックのいずれかがフリーになる可能性が高く、GKはそこへパスをつなぐことができる。。もし、守備側がフィールドプレーヤー10人をすべてマークするなら、そのときはじめてFWへのロングパスという選択になる。FWが1対1の状態でカバーリングがいないのだから、前線へのフィードが正解だ。

このようにゴールキックからのビルドアップには明確なパターンがある。例えば、センターバックにゴールキックをつないだ後、GKにリターンすれば攻撃側は1人の数的優位、守備側がDFを1人余らせているなら数的優位は2人になる。そこからフリーな選手を使いながらボールを確実に前進させる。前記の配置はそのためのものなので、この配置のチームはボールポゼッションを重視した戦術と考えていい。

このタイプのチームに求められるのは、パスワークに参加できるGKだ。エデルソン、テア・シュテーゲンなど、トップクラスのGKは足下の技術が高い。もちろんフィールドプレーヤーも技術的に優れていなければならないが、ポゼッションを軸に据えている時点でパスワークには自信を持っているはずなので、GKがカギになる。ショートパスの技術と判断力だけでなく、サイドバックへの40メートルのパス、FWへのロングキックの精度も要求される。

しかし、そこまでリスクを負ってまで自陣からのビルドアップを行わないチームも多い。理屈のうえではフリーになっている選手へつないでいけばボールを前進させられるとしても、ミスをすれば致命傷になりかねない。そこで、つなげそうなときは近くにつなぐけれども、難しそうならリスクを冒さずに前線へフィードする。配置はパスをつなごうとするチームと似ているが、センターバックは左右に開いてもゴールラインまで下がることはない。守備側が前からプレスしようとしてきたら、ショートパスは中止して前線へのロングパスに切り替える。

ゴールキックのほとんどがロングボールというチームもある。自陣からパスをつなごうというつもりもなく、リスクはできるだけ回避。このタイプのチームはポゼッションを重視せず、主にカウンターアタックからの攻撃を狙う。ただ、このタイプでもゴールキック時の配置はポゼッション型に近くなることもある。つなぐためではなく、相手を前に引き出すためだ。配置はしても結局はロングボールを使う。

前線へのロングボールは守備側に有利なので、相手ボールになる確率が高い。だが、ロングボールに強いFWがいれば自分たちのボールにできるチャンスは増えるし、セカンドボールを拾える可能性も上がる。従って、ゴールキックからロングボールを多用するチームには前線に強力なポストプレーヤー、セカンドボールの取り合いに向いたMFが有用だ。また、そうはいっても相手ボールになることも多いので、守備力が問われることになる。

ゴールキックからの再開方法を確認するだけでも、そのチームの戦術がポゼッション主体なのかカウンター主体なのか、その中間型なのかおよそ見当がつくわけだ。

CHAPTER 2

MF

シンプルにプレーすることを完璧に体現する偉大な達人

アンドレス・イニエスタ

スペイン／FC バルセロナ

1984年5月11日生まれ、スペインのフエンテアルビージャ出身。バルセロナ下部組織で育ち、2002年にトップチームデビューを飾る。以降、リーグ戦や UEFA チャンピオンズリーグなど主要大会のタイトルを獲得。スペイン代表としても EURO や2014ワールドカップ制覇に貢献した。

イニエスタ＝フットボール

アンドレス・イニエスタ――今さら多くを語るまでもない偉大なプレーヤーだが、あえて言うならイニエスタはフットボールそのものである。

リオネル・メッシが天才ならイニエスタは達人だと思う。過剰なものがなく足りないものもない。相手のタックルをぎりぎりでかわし、ピンポイントのパスを出し、バックパスすべきときは何の躊躇もなくボールを下げる。無理もなければ無駄もない。思うがままにプレーして、それが全部チームのためになる。素晴らしい選手でも、自分の特徴を出そうとして自滅してしまうことがあるが、イニエスタにそれはほとんどない。かといって、とくに自重している感じもない。その判断や一挙手一投がサッカーと矛盾しないのだ。

無駄がないのは相手が見えているからだ。狭い場所でパスを受け、敵がボールを奪おうと寄せてくるとき、イニエスタは全く動じていない。敵の動きが見えているので、最小限の動きでかわせる。驚かされるのは、相手が動いているならまだしも、動こうとしている瞬間さえ見逃さないことだ。これはおそらく視覚よりも感覚に近く、見えているというより感じるのではないかと思う。

1980年代の名手だった木村和司が、ある試合で見事なシュートを決めた。ここしかないというコースへ蹴り込んだのだが、そのときに「シュートのコースが光ってみえた」と言ったという。シュートする前に、ボールが飛ぶことになる道筋が示されているように見えたという意味だろう。「光ってみえた」というと超常現象みたいだが、サッカー選手はたいがい似たような体験はしているに違いない。

ドリブルしていて「あ、こっちなら抜けるな」と感じることは普通にあるだろうし、何かに導かれるように針穴を通すスルーパスのコースが見えてしまう、ＧＫの動きが止まって見える、こうしたことは神秘的でも何でもなく日常的に体験できる。はっきり自覚はできないが、やはり見えているのだ。

普通の選手ならごくたまに「見えてしまう」ものが、イニエスタには常に見えるのではないかと仮説を立ててみると、なぜ彼には見えるのかという疑問に行き着く。筆者はその答えを持たない。ただ、見ようとしないものは見えないだろうという当たり前の結論を導くことはできる。

遠藤保仁は俯瞰的な視野を持つ希有な選手だが、生まれつきそういう目を持っていたわけではない。子供のころに指導者から「周囲をよく見なさい」と教えられ、普段の生活から周囲を見るように自ら習慣づけた。数年を経過すると、「敵味方全員の誰がどこにいるかわかるようにしたい」という目標はほぼ達成され、「勝手に目に入ってくる」「見ないでもだいたいわかる」という段階へ移っていったという。

見えてしまう域に到達する最初には、見ようとする意志が決定的なのではないか。

イニエスタは凝ったフェイントなど仕掛けずに敵を抜いていく。敵の動きがわかるので必要ないからだ。ある意味、自分主導ではなく相手を利用してプレーしている。

「子供のころからずっとお前が一番だとか、完璧だとか、そういうことばかり言うのは逆効果だ。幸い僕の周囲の大人たちはもともと謙虚だった」（イニエスタ）

イニエスタの凄さは、その「普通さ」にあるのかもしれない。自分本位ではなく、サッカーには自分と味方と敵とボールが存在すること、その関係性を見失ってはならないこと、そんな普通さが徹底されているように感じる。

14～16歳までイニエスタのチームメートだった人のコメントに「イニエスタが一番優れていたわけではなかったが、彼が良かったのは普通だったこと」というものがある。その時点でイニエスタより才能に恵まれていた選手の1人はメンタルに、もう1人はパスポートに問題があったそうだ。イニエスタには何も問題がなく、家族との関係も良好なら練習もきちんとこなしていた。何かが特別だったというより「普通」に過ごせたことが大きかったのだという。

イニエスタが才能ある子供だったのは疑いの余地がないが、より重要なのは「勘違い」がなかったことなのだろう。人並み外れた能力があり高い評価を受ければ、自分は特別だと勘違いを起こす。勘違いしない人のほうが少ないのではないか。自分が特別で最高だと思い込めば周囲を見なくなる。比喩ではなく、ピッチ上で周囲を見るという点でもバイアスがかかってしまう。自信とプライドも大事だが、独善に陥った瞬間にチームゲームのプレーヤーは進化が止まるのだ。イニエスタが言う「逆効果」である。サッカーで最も難しいのは「簡単にプレーすること」といわれている。イニエスタはまさにシンプルな最適解を叩き出せる達人なのだが、その根本には普通であること、物事を普通に見ようとすることがあるような気がしてならない。

緻密なパスワークで さらに輝きを増す レアルの ファンタジスタ

イスコ

スペイン／レアル・マドリー

1992年4月21日生まれ、スペインのアンダルシア州出身。バレンシア下部組織からトップチームデビュー。その後、マラガを経て、2013年にレアル・マドリーに加入。様々なタイトル獲得に貢献している。各年代のスペイン代表にも招集され、2013年にフル代表デビューを果たしている。

改定版ティキ・タカのキープレーヤー

本名はフランシスコ・ロマン・アラルコン・スアレスだそうだ。ペレやジーコの本名を知らないファンも多いと思うが、イスコの本名を知る人も少なそうである。

２０１４年11月15日に行われたロシアワールドカップ予選、イタリア戦でイスコは圧巻のプレーぶりだった。

シュートの決定率は１００％（２得点）、パス成功率は95％、イタリア代表のマルコ・ヴェラッティは「メッシでさえ、あのレベルには達していない」と舌を巻いた。確かにこの試合のスペインは別格だった。もともとパスワークは見事だったが、このゲームに関してはもはやサッカーのレベルを超えていて、バスケットボールやハンドボールに近かったといえる。その中でもイスコはパーフェクトなプレーをしていた。

一方、レアル・マドリーでのイスコは完全な中心選手にはなっていない。最優先はクリスティアーノ・ロナウドであり、ルカ・モドリッチ、トニ・クロースが司令塔だ。この2人を機能させるためにはカゼミーロが必要というのも衆目の一致するところ。となると、ジネディーヌ・ジダン監督の選択は中盤にイスコを加えるか、FWのBBC（ガレス・ベイル、カリム・ベンゼマ、ロナウド）から1人削るかの選択になる。すでにBBCよりもイスコに価値があることは明白とはいえ、まだイスコありきのチーム構成にはなっていない。

ただ、アンダー世代からイスコを知るフレン・ロペテギ監督はイスコを重用してきた。アンドレス・イニエスタ、ダビド・シルバ、セルヒオ・ブスケツと連係し、ティキ・タカのバージョンアップ版を実現するにはイスコは不可欠な選手になっている。

バレンシアのユース出身だが、才能が開花したのはマラガだった。移籍した2011－12シーズンでは32試合に出場して5得点、マラガをクラブ史上初のCL出場順位（4位）に押し上げる原動力となった。

驚異的なキープ力と正確なパス、運動量は多くキレも抜群、他の選手にはないインスピレーションと得点力……マヌエル・ペジェグリーニ監督からの絶大な信頼の下、攻撃的MFとして輝いていた。

イスコの特徴としてあげられるのが低重心のドリブルだ。身長176センチと小柄な部類だが、それ以上に足が短い。身長の低さと足の短さはサッカーでは不利にならず、場合によってはむしろ有利に働く。

足に吸い付くようなタッチと俊敏さで、イスコの小回りの利いたステップワークは守る側からすると非常につかまえにくそうだ。この点はリオネル・メッシも同じで、低重心ならではのアドバンテージがある。ちなみに、イスコの愛犬の名前は「メッシ」なのだそうだ。レオではなくメッシとつけているのが不思議だが、やっぱり低重心なのだろうか。

マラガでの大活躍が認められてレアル・マドリーに引き抜かれたのが2013年、しかしイスコは当初レギュラーポジションを獲得できなかった。BBC優先のレアルにはトップ下のポジションがなかった。インサイドハーフにはモドリッチがいて、FWからコンバートされたアンヘル・ディ・マリアの台頭もあった。ただ、イスコも新しい役割に順応してプレーの幅を広げている。

15－16シーズンにジダン監督が就任すると、徐々に出場機会を増やし、16－17シーズンのCL連覇では4－4－2のトップ下として活躍、BBC時代の終焉を印象づけている。

以前から「技術的には私と同じレベルにある」と、イスコを評価していたジダン監督だが、イスコ中心へのモデルチェンジに踏み切れないのはレアルのプレースタイルがスペイン代表とは違っているからだろう。

強烈なFW（BBC）を擁するレアルでは、攻撃に推進力が求められる。簡単にいえば、速く攻めたほうが有利だ。スペインの場合はレアルほど強力なFWはいないので、ボールを支配して緻密なパスワークからフィニッシュへつなげていく。イスコは縦へ持ち出す推進力もあるが、より特徴が生きるのは緻密なパスワークのほうなのだ。

25歳と年齢的にもピークにあたる時期に迎えるワールドカップは、新たなスーパースターとして評価を高める機会になるかもしれない。

自分の居場所を求め彷徨う並外れた才能をもてあます怪物

ポール・ポグバ

フランス／マンチェスター・ユナイテッド

1993年3月15日生まれ、フランス出身。2009年にマンチェスター・ユナイテッドの下部組織に入団し、2011年にトップチーム昇格。2012年からユベントスに移籍し、リーグ戦やカップ戦のタイトル獲得に貢献するなど活躍。2016年に古巣のマンチェスター・ユナイテッドに復帰した。

意外と大器晩成な怪物

〝Il Polpo Paul〟イタリアでは「タコのポール」と呼ばれた。その長い足と柔軟なプレーぶりゆえの異名で韻も踏んでいるが、おそらく「タコのパウル君」からの連想だろう。ドイツの水族館で飼育されていたマダコのパウル君はサッカーの試合結果を予言することで世界的に有名だった。ドイツ語のパウルとポグバのポールはスペルが同じなのだ。ちなみにパウル君は２０１０年南アフリカワールドカップでドイツ代表の試合結果をすべて的中させ、決勝のスペイン優勝も当てている。スペイン戦でドイツの負けを的中させたときは「サメの水槽へ入れろ」

「食ってしまえ」とドイツ人から非難され、スペインの首相は「身の危険があるからスペインへ移住したらどうか」とコメントした。ポール・ポグバがタコ扱いされるのは気の毒だが、そういう事情である。パワフルでスキルフル、さらにスペクタクル、クリエイティブ、点もとれて守備もできる。ポグバは明らかにモノが違うとわかる選手だ。191センチの長身、長い手足、黒人特有のバネとスピード、ボールテクニックや状況判断にも優れている。とにかくモノが違うので発想も普通ではない。ドリブルで仕掛けるタイミング、方法、パスやシュートなども、普通の選手ではまずやらないことをやる。ギニア系のフランス人。6歳のときにロワシー・アン・ブリという地元のクラブでプレーを始め、トルシーとルアーブルを経て16歳でマンチェスター・ユナイテッドのユースチームに加入した。18歳でトップチームに昇格、3試合に出場しただけでユベントスへ移籍している。ポグバがユベントスへフリートランスファーで移籍したとき、当時のアレックス・ファーガソン監督はおかんむりだった。

「がっかりだ。少しの敬意も払われていないのだからね」

ファーガソンがポグバをユースから引き上げてトップでプレーさせたのも、即戦力というより有望な若手の引き抜き防止策だった。ところが、契約満了で移籍金が発生しないままユベントスへ行ってしまった。ただ、ポグバはルアーブルからユナイテッドへ移籍するときにも揉めているのだ。ポグバにしてみれば、契約も切れるしプレー機会があって給料もいいクラブへ移籍するのは当然かもしれない。しかし、マンチェスター・ユナイテッドは若手選手が無碍に袖にしていいようなクラブではなかった。

名門ユベントスではセリエA3連覇に貢献し、背番号も6番から10番へ変わった。かつてミッシェル・プラティニやアレサンドロ・デルピエロがつけたユーベのエースナンバーである。ところが、2016年にポグバは再びマンチェスター・ユナイテッドに戻るのだ。移籍金は当時史上最高の1億500万ユーロだった。あのユナイテッドが、かつて自分の手元からタダで移籍していった選手を途方もない金額を払って買い戻した。その事実だけでも只者でないとわかる。

ポグバに関しての評価はなかなか厳しい。ユナイテッドのOBからは「守備がわかっていない」「スーパースターじゃない」など、手厳しい意見が絶えない。

怪物系の選手は、ただでさえ周囲の期待が過剰になりやすい。いや、過剰ではないのかもしれないが、能力の半分も出していないように見えてしまう（本当にそうなのかもしれないが）。マリオ・バロテッリやニコラ・アネルカもそうだった。何度も驚異的なプレーを見せられると、そうでないときは手を抜いているのではないかと疑いたくなるのだ。中盤ならどこでもプレーできる。いや、きっとどのポジションでもやれる。逆に、どこが本当のポジションなのかわからない。アンカーもインサイドハーフもボックス・トゥ・ボックスも全部できる。セカンドトップもOK。ユベントス時代の左のインサイドハーフが最も自由にやれて能力が発揮できそうだが、まだ居場所が確定していない。結局、ポテンシャルが大きすぎて何をやっても能力を使い切っている感じがない。フランス代表でも、守備ならエンゴロ・カンテがいるし、攻撃ならアントワーヌ・グリーズマンやディミトリ・パイェがいる。運動量で攻守をつなぐブレーズ・マツィディもいる。ポグバは全部できるがどれにも特化していない。ゆえにポジションも確保できていない。レギュラー候補ではあるが絶対ではない。

才能をもてあましているポグバには批判と議論がつきまとい、いつも渦中の人になっている。ジョゼ・モウリーニョ監督との不仲説、ユベントス、レアル・マドリー、はては同じ街のライバルであるマンチェスター・シティへの移籍の噂……すべては才能と折り合いをつけられていないポグバ自身が原因なのだろう。

早熟の天才にみえるが意外と大器晩成なのかもしれない。そうでなければカメに追い抜かれるウサギで終わる。現在25歳、もうそんなに時間は残っていない。ロシアワールドカップで真のプロフェッショナルとして一皮剥けた姿は見られるだろうか。

一瞬のフェイントで相手を制す世界一のナンバーツー

フィリペ・コウチーニョ

ブラジル／FC バルセロナ

1992年6月12日生まれ、ブラジルのリオデジャネイロ出身。母国クラブでデビュー後、インテル、エスパニョールを経て2013年にリバプールに加入。主力として活躍を続け、2018年にバルセロナに移籍した。年代別のブラジル代表にも招集され、2010年にフル代表デビューを飾った。

相手の心理をよく読んだドリブル

フィリペ・コウチーニョのトレードマークともいえるフェイントがある。フェイントというほど大袈裟な動作ではないのだが、右足を右側へ小さく踏み出してから、右足のインサイドで左方向へ持ち出して加速するドリブルだ。

右足を踏み出すことで、左方向への体重移動がスムーズにできる。最初から左へ行くよりもパワーが使える。フェイントの意味よりも、そちらのほうが大きいかもしれない。ただ、理屈はそうなのだがコウチーニョのスタートダッシュの速さがすべてだろう。

リオネル・メッシやネイマールにして

も、どうしてあんなに簡単に抜けるのか不思議なぐらいで、しかもだいたいそんなに凄いフェイントは使っていないのだが、もう単純に速いのだ。

もう1つあげるなら心理戦の上手さかもしれない。コウチーニョは右足アウトで右方向へ抜くドリブルも持っているので、対峙する相手はどちらが来るかわからない。そういう相手の心理、ないしは動きを見極める。

ドリブルの上手な選手はタッチが上手い、速い、バランスがいいという要素のほかに、相手の心理やちょっとした動きを読む目が優れている。目というよりも感覚に近いのだろう。自分の間合いに入れてしまえば、相手の動きが勝手にわかってしまう。

ヴァスコ・ダ・ガマでデビューするや、1シーズン後にはイタリアのインテルへ移籍した。インテルでも活躍したものの2012年にはエスパニョールへ期限付きで移籍している。そして2013年には800万ポンドの移籍金でリバプールへ。

今年1月、冬の移籍市場でバルセロナへ移ったときには1億6000万ユーロが動いた。

デニス・ベルカンプやアンドレア・ピルロなどもインテルで輝けず、移籍先で開花しているのでインテルの見る目のなさが揶揄されているが、ユベントスで上手くいかずに移籍してからスーパースターになったティエリ・アンリのような例もあり、外国人選手にとってセリエAはなかなか難しいリーグなのだ。

リバプールでは持ち前の攻撃センスを存分に発揮した。左のMFかトップ下が定位置だったが、左ウイングとしても活躍。スピード、パスセンス、得点力と三拍子そろったコウチーニョにとってウイングは理想的なポジションだと思う。

現代のウイングはタッチライン際の職人ではない。カウンターアタックではそのスピードと突破力が武器になるが、スローダウンしたときの攻撃ではインサイドハーフとして創造性とパスセンスを発揮する。昔のインサイドフォワードとウイングのハイブリッドが現在のウイングには求められているわけだ。

世界一のナンバーツー

バルセロナはコウチーニョ獲得で夏にパリ・サンジェルマンへ移籍したネイマールの穴を埋めることができた。メッシ、ルイス・スアレス、コウチーニョのMSCになるのか、現在の4－4－2でイニエスタの後継者となるのか、いずれにしてもコウチーニョはネイマール以上の適材といえるかもしれない。

どういうフォーメーションを組んだところで、バルセロナでプレーする以上はメッシの分の守備は負担しなければならない。ネイマールがそうだったが、そうなるとゴール前へ行ける機会は減ってくる。

チャンスボールのターゲットはまずメッシ、よくてその次という存在。つまり、能力うんぬんの前にバルセロナではメッシがいるかぎりナンバーワンにはなれない。そしてブラジル代表にはネイマールがいる。こちらもナンバーワンはネイマールなのでコウチーニョはナンバーツーだ。

どちらにしてもコウチーニョが世界ナンバーワンになるには高いハードルがあるわけだが、ナンバーツーを目指すならむしろ好都合といえるかもしれない。メッシ、ネイマールを助けつつ、彼らのパスを受ける恩恵もある。自分のパスも生かしてくれる。

ネイマールはナンバーワンを目指してパリへ行ったが、コウチーニョには意外と二番手のほうが居心地はいいかもしれない。世界一のナンバーツーというのも悪くないと思う。

童顔の怪物から解き放たれる電光石火のインスピレーション

ハメス・ロドリゲス
コロンビア／バイエルン・ミュンヘン

1991年7月12日生まれ、コロンビアのククタ出身。母国クラブでキャリアをスタートし、2010年にポルトへ移籍し欧州挑戦。モナコ、レアル・マドリーを経て、2017年からバイエルン・ミュンヘンに加入。2014ワールドカップにコロンビア代表として出場し、同国史上初のベスト８進出に貢献した。

コロンビアの００７

アルゼンチンのバンフィエルドでプレーしていたとき、ある試合でゴールを決めて「バンフィエルドのジェームス・ボンド」と呼ばれた。ハメスのスペルはＪＡＭＥＳなので英語読みすればジェームスになる。それにＢＯＮＤとチーム名のＢＡＮＦＩＥＬＤをかけて「ＪＡＭＥＳ ＢＯＮＤＦＩＥＬＤ」というたんなるダジャレだ。ただ、この試合で決めたＧＫのタイミングを外すチップキックのゴールは当時18歳という年齢に似合わぬ冷静さで、００７のようにクールだった。

童顔なので大きな選手というイメージ

はないが身長は１８０センチある。利き足は左。プレーぶりは典型的な背番号10である。ゲームを作り、決定的なパスを出し、自らも得点する。４年前のブラジルワールドカップの日本戦では途中出場して、吉田麻也を翻弄して1ゴールを決めている。

コロンビアには伝説的な名手カルロス・バルデラマがいた。１９９０年代に活躍したMFだが、ハメスはバルデラマの後継者といわれている。実際には利き足も違うしプレースタイルもあまり似ていない。バルデラマはほぼショートパス専門の特異なプレーメーカーで、ライオンのたてがみのような髪型とミリメーターパスで知られていた。ハメスはレフティで長短のパスを駆使し、バルデラマよりよく走るし点もとれる、より現代的な10番だ。ただ、卓越したボールタッチとインスピレーションは２人共通点だ。個性は違うがスタイリッシュなプレーぶりも似ているかもしれない。

ところで、敵の意表をつくインスピレーションはどこから生まれるのだろう。イタリアの名将ファビオ・カペッロは「現代サッカーにファンタジスタの居場所はない」と話していた。「ヒラメキや創造性とは、言葉を換えれば意外性にすぎない」などと、かなりミもフタもない言い方もしている。しかし、カペッロの言う「意外性」がゲームの中で違いを作り出し、それが決定的なゴールにつながることも多い。

では、人と違うことを考える、誰も予測しないプレーを繰り出す、それが出来る選手はたんなる変わり者なのだろうか。確かにバルデラマは見た目からして変わっていた。けれどもハメス・ロドリゲスは好青年風である。その言動にもとくに変わった感じはしない。意外性は性格の問題ではないらしい。

「たまに、ふと見たら、すげえものが見えちゃうこともあります」

日本が誇るクリエイター、中村憲剛の言葉だ。それが針穴を通すようなスルーパスになったりするわけだ。ただ、中村はそれを意図して作っていない。たまたま「すげえもの」がそこにあったと言っているのだ。キーワードは「すげえもの」よりも「見えちゃった」のほうにある。おそらく中村憲剛やハメス・ロドリゲスでなければ、それが「すげえもの」だとは気づかない。実は「見えちゃった」のではなく意識せずに「見抜いて」いるのだ。たんに「見る」のではなく「見抜く」。女性の肖像画を描いているのにパブロ・ピカソの絵があぁなってしまうようなものかもしれない。同じものが違うふうに見えるのは、クリエイターが見ているものから取り込む情報量が普通の人とは違うからだ。

ハメス・ロドリゲスのプレーは美しい。形としてもきれいだが、その発想そのものに観客は魅了される。ブラジルワールドカップのウルグアイ戦で決めた振り向きざまのボレーシュートは大会のベストゴールに選出され、２０１４年のプスカシュ賞も受賞した。後方からの浮き球のパスを左肩あたりでコントロールし、そのままボールが落ちる前に反転しながら左足のボレーで叩き、バーの下へミドルシュートを決めている。このときハメスが見ていたのは「すげえもの」ではなくてボールだった。コントロールしてからシュートするまで、よそ見をする余裕はない。ただ、その間に五感を研ぎ澄ませて周囲の動きを察知しようとしているのは感じられた。

反転してシュートのイメージは持っていただろうが、敵がシュートコースに入ってくるかどうかは間接視野でとらえていたに違いない。コースは開いている……それを確認しているからこそ、落ち着いて自分のポイントでボールをとらえている。ハメスが周囲の動きを気にしていたと言えるのは、シュートを打ち急がなかったからだ。弓矢を引き絞るように十分タメてから打ち抜いていた。もしボールだけに集中しているなら、もう少し早いタイミングで蹴っていただろう。「すげえもの」はすでにボールを止めた瞬間に見えていたのだ。実際に間接視野で見たのは確認にすぎない。

つまり、目で見るというより脳で見るのだ。

ウルグアイ戦の反転ボレーは、後方からのパスというより、ウルグアイがクリアしたボールをコロンビアのアギラールが反射的に打ち返した偶発的なボールを受けて始まっている。ボールはパチンコ球のように敵味方間を往復してハメスのところへ飛んできた。だからこそ、ハメスはシュートのチャンスがあると感じたに違いない。まず敵の足は止まっている状況だからだ。ただ、本人はそれを意識していないと思う。

我々が例えば自動車を運転するとき、標識や信号など周囲の状況をさほど意識してとらえていない。もちろん注意はしているが、いちいち考えずに見て反応している。目から入った情報を脳で判断して実行に移すまで、無意識に近くスムーズに行っているはずだ。フィールドのクリエイターもそれに近い。目と脳と足がほぼ直結している。よく「考えてプレーしろ」というが、実際には考えていては遅い。考えるという意識もなく、ほとんど反射的に正解を叩き出す、さらに敵の予測していない意表をつくプレーをする。

中村憲剛は「すげえものが見えちゃう」と言っていたが、見えた瞬間に「すげえことを考えついている」のだ。ハメスが自分のところに半ば偶発的にボールが来たとき、相手ゴールに背を向けていたからこそシュートを狙った。その瞬間、敵はまさかそこからシュートをしてくるとは予測していないからだ。その状況はハメスが意図的に作ったものではないが、その瞬間の周囲の〝絵〟がインプットされた瞬間に「すげえもの」がイメージできていたわけだ。

では、このヒラメキの怪物を相手に日本代表はどう戦えばいいのだろう。

ハメスは2列目の中央か左サイドでプレーする。正直、左サイドにいてくれれば対処はしやすい。左ウイングとしてのハメスは左足の高精度クロスはあっても、飛び抜けたスピードがあるわけではない。フランスリーグでネイマールと何度も対戦している酒井宏樹なら、そう簡単にやられはしないだろう。問題は中央付近でプレーするハメスだ。厄介なのは、ハメスがわざと守備をしないことだ。守備をさぼっているのではなく、守らなければいけないときはちゃんと戻るのだが、味方が攻め込まれているときにわざと守備に戻りきらずに中途半端な位置にいる。味方がボールを奪ったときに、すぐにパスを受けてカウンターの起点になるためだ。

つまり、一番危ないのは日本が攻撃しているときなのだ。日本の攻撃が阻止されてハメスにボールが渡る、そのときはもう手遅れになりかねない。日本のMFの背中に隠れていて急に動いてパスを受ける。これを防ぐには、DFが前へ出て潰すしかない。日本のMFは背後のハメスが見えていない。だから距離的にはハメスに近いMFよりも、距離は遠いがハメスを見ているDFが対処したほうがいい。

ただし、寄せが遅ければ逆効果になる。日本がコンパクトに攻守を行えるかどうかがカギになるだろう。

相手も読めないスルーパスでゴールを演出する脱力系アシスト王

メスト・エジル

ドイツ／アーセナル

1988年10月15日生まれ、ドイツ出身。2006年にシャルケ04のユースからトップチームに昇格。ブレーメンを経て、レアル・マドリーに移籍。同クラブのタイトル獲得に貢献し、2013年からアーセナルでプレー。ドイツ代表としても、ワールドカップやEUROに出場し活躍している。

ガムをリフティングする男

メスト・エジルがガムをリフティングしている映像を見たことがある。余談だが、パリの空港でコインをリフティングしているオジサンも見たこともあった。チェックインの行列の横で500円玉ぐらいのコインを革靴でリフティング、最後は口の中にパクリ。ちょっと汚いなあと思いながら拍手はしたのだが、エジルもやっぱりパクリしていた。

ディエゴ・マラドーナが観客席から投げ込まれたオレンジをリフティングしたのは有名だが、そもそもこの人はいろんな物をリフティングしていた。リオネル・メッシもペットボトルでやっていたし、この手の人たちはひととおり試しているのではないか。ボールあるいは球体、いや球体でなくても、足で戯れるのが好きなのだろう。

エジルは本気を出していないように見える。走っていないように見える。スタッツが出てみると全然そんなことはないのだが、そう見えてしまうのは終始脱力しているからだと思う。力んでいない。余分な力が抜けているといえば聞こえはいいが、必要な力さえ抜けている感もある。遊んでいるようにみえてしまうのだ。だが、このヌケ感こそエジルの魅力であり武器なのだ。

ボールを左足近くに置いて、右肩を前に。懐にボールを抱えながら斜に構え、やっぱり力は抜けている。居合抜きの達人のような立ち方から、思いも寄らぬ角度でボールがリリースされていく。とくによくわからないのが左サイドから繰り出す低いクロスボールだ。

アーリークロスなのかハイクロスなのかプルバックか、蹴り出されるまでよくわからない。コースを読みにくいのは持ち方に関係がありそうだ。走っているときでも、エジルはボールを左足で抱え込むようにしている。そして、その斜に構えた体勢から急に懐からボールが出てくる。少し体をひねりながら蹴るのだが、ＤＦから見るとエジルの背中からボールが出てくる感じだ。

スルーパスも読みにくそうだ。ほんの少しだけの足の動きでディフェンスラインの隙間を通してくる。ほとんどボールに躓いているような蹴り方なのだ。もう蹴らないと思った瞬間に出してくる。

そして終始脱力。力が抜けているからこそ、タイミングがわかりにくいし微細なタッチ、変更が利く。エジルのアシストの多さは、ピンポイントのパスの精度やタイミングの妙、目の良さなどもあるとはいえ、いつどこへ蹴るのか予測がつきにくいからだろう。

隙間受けの達人

やる気があるんだかないんだか、ふらふらと動いているくせにフリーでボールを受けられる。敵の隙間にいいタイミングで移動して受ける。ボールを見ながら敵が右へステップしていくなら、エジルは敵の背中で反対方向へスッと移動する。

敵と敵の間の隙間でボールを受けるなら、実はこのほうが理にかなっている。あまり動いてしまうと、敵Aからはフリーになれるが敵Bの近くに行ってしまうからだ。AとBの間へ入るには、あまり走らず、敵の動きの逆を行けばいい。エジルはその動くタイミングがいい。

ただ、あまりにさりげなくやるので味方によく見過ごされている。そんなときのエジルは試合から消えてしまう。エジルに消えられてしまうと、アーセナルもドイツ代表もたいそう困るに違いないのだが、あまり気にしている様子はない。突然現れて決定的なラストパスを送るのもまたエジルである。何だかオイシイところだけ持っていくように見えるから、エジル手抜き説が補強されるのだろう。

それでもいつも淡々としていて、パスを受けられなくても大して怒らない。なるようになるとでも言いたげなプレーぶり。彼は彼のやり方でプレーし、要はいつも楽しんでいる。ガムをリフティングするのとワールドカップの決勝が大して変わらないかのように。

正確無比のパスを繰り出す人間メトロノームはノーエラー主義者

トニ・クロース

ドイツ／レアル・マドリー

1990年1月4日生まれ、ドイツのグライフスヴァルト出身。2007年にバイエルン・ミュンヘンでデビューし、その後レバークーゼンへのレンタル移籍を経て、2010年に復帰。主要大会のタイトルを獲得した後、2014年にレアル・マドリーに加入。リーグ、UEFAチャンピオンズリーグ制覇に貢献している。

100パーセントの男

トニ・クロースがパス成功率100％を記録したのは2015－16シーズンのバレンシア戦、アウェイのメスタージャでの試合だった。オールラウンドな能力を持つ選手が「完璧」と表現されることはあっても、完璧な選手が完璧なプレーをすることはまずない。MFとして数多くボールにタッチし、チームトップクラスのパスを出すクロースの成功率100％はまさに完璧なプレーといえるだろう。

一般にパス成功率が最も高くなるのはDF、とくにセンターバックだ。リスクを避けているのと、さほど相手からのプレッシャーがないので、センターバックのパス成功率は高くなる傾向がある。クロースの場合はミスを避けているというよりも単純にミスをしない。90％以上の成功率を記録したのは一度や二度ではないのだ。ミスをするほうが難しい選手といえるかもしれない。

ある試合で、ミスター100％でもボールを失うだろうと思った場面があった。しかし、クロースは失わなかった。そのときクロースはセンターサークルで味方の縦パスを受けようとしていたのだが、背後からは猛烈に敵が寄せてきていた。MFが決してボールを失ってはいけない場所だが、意外と失いやすい状況でもある。

背後から敵が来ているのはわかる。味方が声をかけているだろうし、気配で感じることもできる。事前に周囲の状況を把握していれば想定内かもしれない。ただし、この状況だとボールと敵を同じ視野には収められない。ボールを見れば敵の動向がわからず、敵を見たらボールがどこにあるかわからない。

とりあえずボールと反対側を見ながら止めることはできないので、まずはボールを見なければならない。しかし、ボールを見ると、ボールが足下に到着するまでは敵の様子はわからないままになる。ボールにタッチした瞬間、おそらく敵は体に触れられるところまで来ていると予測される。ボールを待ちながら、見えない敵のプレッシャーに苛まれるわけだ。こういうときボールを動かして背後の敵をかわそうとすると、たいがい「食われる」。すでに走っている敵のほうが速いうえに、自分は敵が見えないのに、敵はすべてが視野に入っているからだ。では、クロースはこの危機をいかに回避したのか。

まず、あえて敵に近いほうの足（左足）で止めていた。ボールを守りたければ敵から遠い方にボールを置いたほうが良さそうに思えるが、おそらく敵を視野に入れるために近いほうへ置いたのだろう。ボールを見ながら、敵も間接視野に入れられるからだ。そしてクロースらしかったのは、左足のインサイドと地面の間にボールを挟んで完全に静止させたことだ。ボールに屋根をかけるように足と地面でロックした。最後に敵のタックルが来る寸前にボールを敵の足が届かないところに離し、足にタックルさせてファウルをもらった。状況からして、これがベストの選択だったと思う。最も厳しい状況でも冷静沈着、ベストの回答を瞬時に叩き出せる。もはやミスができない体質といっていい。

ノーエラー主義の権化といえば、クロースの先輩であるフランツ・ベッケンバウアーがそうだった。

「フランツほどの選手なら、簡単にタッチラインの外へ蹴り出さなくても良さそうに

思えるのだが、後で見返してみるとそれがベストだったと気づく」（ヨハン・クライフ）

もしかしたら30％ぐらいは成功するかもしれないプレーを選択するのではなく、常に１００％のほうをとる。成功すれば観客が総立ちになるかもしれない選択を全く惜しげもなく捨てる。そういうことができるのが「皇帝」だった。自陣ペナルティーエリア内でドリブルして２人を外したり、ゴールを横切るサイドチェンジなど、ベッケンバウアーはたびたびセオリー無視のプレーをしてファンをひやひやさせることも多かった。ただ、それで失敗したことはほとんどない。本人には全くリスクのない範囲内でやっていたからだ。

クロースはベッケンバウアー以上のノーエラー主義だ。ミスを恐がっているわけではなく、ミスができない体質なのだろう。ベッケンバウアーの人を食ったプレーぶりは、その技術レベルの高さからくる余裕だったが、クロースには危ないと思わせる雰囲気すらない。人間メトロノーム。正確無比のクロースはまるで機械のように無愛想だけれども、生身の人間がやっていると思えば凄いとしかいいようがない。いかにＡＩの時代になろうとも機械が人になることはない。だが、人は機械になれるのかもしれない。

クライフを彷彿させる巧みなゲームメークで中盤を支配する攻守万能のプレーヤー

ルカ・モドリッチ

クロアチア／レアル・マドリー

1985年9月9日生まれ、クロアチアのザダル出身。ディナモ・ザグレブでリーグ年間最優秀選手に選出されるなど活躍し、2008年にプレミアリーグのトッテナム・ホットスパーに加入。2012年からレアル・マドリーでプレー。同クラブでリーグ戦、UEFAチャンピオンズリーグなどのタイトル獲得に貢献。

モドリッチ村の難民

クロアチアのザダルで生まれたルカ・モドリッチのファミリーネームは住んでいた森に由来するという。地名がそのまま名前に使われるのが風習なのだそうだ。

幼少期は戦時下だった。二度住まいを変えていて、モドリッチ一家は難民だった。子供の戦争体験は大人と違っている。本人はそれほど悲惨だとは思っていなかったという。避難先の中庭でボールを蹴っていたモドリッチはクロアチアでも最後のストリート育ちのプレーヤーだ。

10歳のときにハイデュク・スプリトの

テストを受けたが不合格だった。体が華奢すぎるというよくある理由である。NKザダルでプレーした後、16歳でディナモ・ザグレブのユースチームに加入した。18歳でトップチームに昇格、10年契約を結んだときの金で故郷にアパートを買い一家の難民生活にピリオドを打つ。

ただ、ザグレブで順帰満帆だったわけではない。すぐにボスニアのズリニスキ・モスタルに貸し出される。後にモドリッチは「ボスニアでプレーできれば、世界のどこでもやれる」と話している。フィールドの劣悪さをはじめ、かなり過酷な環境だった。クロアチア系協会とボシュニク系協会がそれぞれ主催していたリーグが統一されたプレミイェル・リーガで、モドリッチは18歳にしてキャプテンを務め、リーグのMVPに選ばれている。

ところが、次のシーズンにもザグレブには戻れず、クロアチアリーグのNKザプレシッチへ貸し出された。ディナモ・ザグレブにはニコ・クラニチャールがいたからだといわれている。

ニコ・クラニチャールの陰

ニコ・クラニチャールはモドリッチと同世代の早熟な天才型プレーヤーで、17歳でディナモ・ザグレブのキャプテンになっている。十代でキャプテンはモスタルでのモドリッチもそうだったのだが、ヨーロッパや南米ではわりとある事例だ。日本では年少者がキャプテンになるのは希だが、イビチャ・オシム監督がジェフ市原の指揮を執っていたときには21歳の阿部勇樹をキャプテンに使命している。

２００５年1月、フロントとの確執の末にクラニチャールはハイデュク・スプリトへ移籍、ディナモ・ザグレブは急遽モドリッチを呼び戻した。Ｊリーグでも指揮を執ったヨジップ・クゼ監督の下でリーグ優勝を果たし、２００７年にはリーグのＭＶＰに選出される活躍だった。

クラニチャールとは後にトッテナム・ホットスパーで再会することになるが、そのときには2人の関係は逆転している。モドリッチがセントラルハーフとしての地位を確立していたのに対して、クラニチャールはレギュラーポジションを確保するには至らなかった。クロアチア代表でもクラニチャールの影に隠れた存在だったが、ユーロ２００８の後はモドリッチが完全に中心選手となりキャプテンをダリヨ・スルナから受け継いでいる。

筆者は２００６年ワールドカップの前にクロアチアの試合を見たが、すでにエース格だったクラニチャールよりもモドリッチのプレーのほうが印象的だったのを覚えている。多くの日本人記者もそう思ったようで、「あの選手は誰だ」とちょっとした話題になっていた。ただ、ドイツワールドカップでクロアチアと日本が対戦したときもモドリッチは途中出場したにすぎない。

モドリッチは現在世界最高のMFの1人である。だが、いきなりその地位に就いたわけでもなければ、そうなると予期していた人も多くはなかったようだ。少しずつ頭角を表してきて、現在のモドリッチになっている。

万能のプレーメーカー

十代のモドリッチは典型的な10番タイプだった。しかし、二度の貸し出しを経てハードワーカーとしての資質も身につけていく。身長174センチと長身のクロアチア人の間では小柄で細身だったが、運動量もあり守備も上手かった。クロアチア代表でもいわば特権階級的な扱いだったクラニチャールと違い、モドリッチは生き残るためにモダンなMFに成長していく。守備的MFもやればサイドハーフもこなし、攻守万能のプレーヤーになっていった。

スパーズを最後にクラニチャールは表舞台から消えていく一方、モドリッチはレアル・マドリーの10番として君臨している。時代の流れに適応する能力が2人の差につながったように思える。

容姿とプレーの雰囲気がヨハン・クライフによく似ている。右足のアウトサイドの使い方やフィールド全体を俯瞰するゲームメーク、柔らかだがキレのある動き、何となく悲しそうな顔つきも。クライフはモドリッチほど苦労人ではないけれども、時代の要請に適応したことがスーパースターへの道を拓いたのは共通点だろう。

レアル・マドリーでも最初からレギュラー扱いというわけではなかったが、あるときは中盤のコンダクターとして、あるときはハードワーカーとして貢献し、いつしか不可欠の存在になった。リバプールの監督などを務めたジェラール・ウリエは「周囲の選手を上手くプレーさせる」とモドリッチへ最大級の賛辞を贈る。技術と知性に優れ、攻守に働くハードワーカーとして、やはり同じような境地にたどり着いたトニ・クロースとともにレアルを牽引する。

興味深いのは、クロアチア代表におけるモドリッチは4-2-3-1のトップ下として、10番の役割を任されていることだ。クロアチアのMFにはイヴァン・ラキティッチ、マテオ・コバチッチという10番タイプのチームメートがいる。

ところが、この3人ともキャリアの過程でハードワークを覚え、今ではラキティッチとコバチッチが脇役として機能するのでモドリッチがより攻撃力を発揮できる役割に収まっているのだ。

旧ユーゴスラビアは天才的なボールプレーヤーの宝庫だ。ドラガン・ストイコビッチやサフェト・スシッチ、ズボニミール・ボバン、ロベルト・プロシネツキらの系譜は現在にも引き継がれている。だが、現在のクロアチアを支えているのは直系ともいえるクラニチャールではなく、モドリッチを筆頭とするハイブリッドMFたちなのだ。

縦横無尽にピッチをカバーする移民国家が生んだ究極の黒子役

エンゴロ・カンテ

フランス／チェルシー

1991年3月29日生まれ、フランスのパリ出身。母国クラブでプレー後、2015年にレスター・シティへ加入。同クラブの歴史的なプレミアリーグ初優勝に貢献。2016年からチェルシーに移籍。同クラブでもリーグ優勝を果たし、2年連続で年間ベストイレブンに選出される活躍を見せている。

マケレレ2世

1990年代の半ば、パリのパルク・デ・プランスでは子供の大会、ダノン・カップが開催されていた。レアル・マドリー、アーセナル、サンパウロなど名門クラブのジュニアチームが参加していて、それぞれ大人のチームのミニチュア版みたいだった。その中で、フランスのナントは「そこまでコピーしなくても」と思えるぐらいのメンバー構成だったのを覚えている。長身の黒人選手がプレーメーカー兼ゴールゲッター、そのエースの周囲を走り回ってサポートするもう1人の小さな少年も黒人。当時のナントにおけるジャフェット・エンドラムとクロード・マケレレの関係、役割、サイズ感がそっくりすぎ。背番号まで同じ。マケレレはナントからスペインへ渡り、レアル・マドリーでジネディーヌ・ジダンをはじめ銀河系の攻撃陣を支える献身的なプレーで注目された。チェルシーでは不可欠な存在として優勝に貢献した。

エンゴロ・カンテは、マケレレとそっくりだということでカーン時代に注目され、レスター・シティへ移籍してプレミアリーグ優勝の原動力になった。

「地球の7割は水だが、残りの3割はカンテにカバーされている」

そんなジョークが飛び交うほど、カンテの掃除人ぶりは際立っていた。

パリ郊外でマリ人の両親、7人の兄弟とともに育った。カンテの生い立ちは移民家族の典型であり、同時にフランス代表になる選手の典型でもある。

フランスでは都市郊外からしか選手は出てこないといわれている。都市の中心は家賃が高くて住めないが、都市から離れすぎると仕事がない。だから移民系の人々は都市郊外に集中する。移民系の人々が増えすぎると都市郊外はゲットー化し、ますます移民系しか住まなくなる。彼らはバカンスの時期も働く。学校が休みの子供たちはサッカーに明け暮れ、テクニックと体力を獲得していく……というのが都市郊外代表選手量産パターンだ。団地の中庭でルーレットを磨いたジダン、カルフールの買い物カートにシュートしていたティエリ・アンリなど、移民の子供たちの物語がレ・ブルーには溢れている。カンテは大人しい子だったようだ。最初のクラブ、シュレンヌのコーチによると、「何も話さないので我々の話を理解しているのかどうか分からなかった。しかし数週間後には、すべて理解していたことが判明する」という。

自己主張の強いプレーをしない、献身的なプレースタイルは子供のときから。いくつものクラブのトライアルを受けたが、ことごとく落とされている。目立たなかったし、体も小さすぎた。プロデビューしたブローニュでは練習場にスクーターか徒歩で通っていて、見かねたチームメートが車で送迎してくれたという。〝セルフレス〟はプレーぶりだけでなく、普段からそんな感じだったようだ。

「そのうち、自分でクロスを上げて自分で決めるようになるかもしれないね」

レスターを奇跡の優勝に導いたクラウディオ・ラニエリ監督の冗談だが、カンテのフィールド上の稼働範囲の広さは確かに驚異的だ。この点はかつてのマケレレとそっくりである。マケレレは〝必ず落ちる橋〟だった。

相手がカウンターアタックを仕掛けるとき、どうしてもマケレレを通過しなければゴール前へは進めない。しかし、そのマケレレという橋は必ず落ちるのだ。では、1つ横にいなして迂回すると、そこにもボールと一緒にマケレレが移動してくる。仕方ないのでもう1本つなぐと……マケレレの仲間たちはすっかり帰陣し終えている。

カンテにも敵に通過させない守備力があり、迂回されない走力がある。相手からすれば邪魔でしょうがない。タックルでもインタセプトでも、カンテはプレミアで常にトップクラスの数字を記録してきた。カンテがいるかぎり相手はカウンターができない。守備だけでなく、奪ったボールを的確につなぎ、ときには決定的なパスも出す。よりパーフェクトなプレーヤーに成長した。

マリ代表にもフランス代表にも縁がなかったが、2016年にディディエ・デシャン監督によってレ・ブルーに初招集。ユーロでは開幕スタメンで起用された。フランスには同じポジションに有力選手が多すぎて、カンテといえどもレギュラーの保証はない。ただ、フランスは守備的MFがいつの時代でも要となってきた。デシャンの現役時代がそうだったし、2006年のパトリック・ビエラとマケレレのコンビも然り。地味でハードな仕事を移民の子たちがこなしているのはフランス社会の写し絵のようでもあるが、フランスのサッカーはもはや移民系なしでは成立しない。たとえカンテがプレーしなくても、GKウーゴ・ロリスとアントワーヌ・グリーズマン以外全員黒人というのは、もはやレ・ブルーの常態なのだ。2018が1998年以来の、移民たちのカタルシスの時になるかどうかは、彼ら自身にかかっている。

タレント集団で左サイドを支配するスターの系譜をたどる世界屈指のアタッカー

エデン・アザール

ベルギー／チェルシー

1991年1月7日生まれ、ベルギーのラ・ルヴィエール出身。2007年にフランスのリールでデビューし、2010-11シーズンの優勝に貢献。2012年からチェルシーに加入。プレミアリーグ制覇などのタイトル獲得に貢献し、数々の個人賞も受賞。ベルギー代表としてもワールドカップやEUROに出場している。

プレースタイルは〝左側のメッシ〟

ＬＯＳＣリールのユースチームからトップへ昇格、２００８－09シーズンにリーグアンの最優秀若手賞を受賞する。ベルギー人としては初の快挙だった。かつてジャン＝ピエール・パパンはベルギーで活躍してからマルセイユに移籍し、フランス代表のエースになった。アザールは反対にフランスで名を馳せてベルギー代表のエースになっている。ヨーロッパは国がひしめき合っているので、こういうケースは珍しくないわけだ。10－11シーズンにはリーグ優勝してＭＶＰを獲得、11－12は連覇を逃したが２連続でＭＶＰを受賞した。リーグアンを代表する名手となったアザールは、プレミアリーグのチェルシーへ移籍する。3年目の14－15シーズンでは優勝の原動力となり、プレミアで3種類ある年間最優秀選手賞をすべて獲得した。

チームの優勝とアザールの個人賞が直結しているのは、それだけわかりやすい活躍をする選手だからだ。ドリブルで切り裂き、ゴールを決め、アシストする。アザールは個人の力で局面を変え、わかりやすく違いを作れる。リールでもチェルシーでも、誰のおかげでチャンスを作り得点がとれて勝てるのか、誰が見てもはっきりわかる。そういうタイプの選手だ。

２０１４年ブラジルワールドカップにおいて、ベルギーはダークホースだった。予選を破竹の勢いで勝ち上がり、アザールを筆頭に成長著しいタレントがひしめいていた。しかし、グループリーグでのベルギーは真価を発揮したとは言い難い。緒戦のアルジェリア戦は終盤のハイクロス攻撃から強引に勝利し、ロシアと韓国にも勝ち、終わってみれば3連勝なのだがすべて1点差。相手に引かれると前線に渋滞を起こすだけで、攻撃のタレントたちは互いのスペースをつぶし合うような状態だった。

マルク・ウィルモッツ監督は途中から軌道修正して堅守速攻型に変えている。するとスペースを得たアタッカーたちが個の力を発揮してアメリカを破り、アルゼンチンにも食い下がったが、リオネル・メッシの個の力に屈してベスト8で大会を去った。

2年後のユーロでもベルギーは全く学習しておらず、同じことを繰り返している。速攻型に切り替えてリズムをつかんだが、やはりベスト8止まり。ロベルト・マルティネス監督に交代してからチームプレーはかなり整理された感があるが、それでもケビン・デブルイネによれば「個の力に頼りすぎ」だそうだ。

ロメル・ルカク、ドリース・メルテンス、アクセル・ヴィツェル、ヤニック・フェレイラ・カラスコなど、個で勝負できるタレントが揃っているだけに、それぞれが自分の力で状況を打開しようとしすぎる。まさに、船頭多くして何とやら。アザールはその筆頭で、その意味でもベルギーを象徴する選手といえる。

スタープレーヤーをずらりと並べた構成ということなら、ブラジル代表やレアル・マドリーもそうなのだが、ブラジルとレアルにはヒエラルキーが明確に存在している。現在のブラジルならばネイマール、レアルはクリスティアーノ・ロナウドが絶対的なエースだ。誰にボールを渡さなければならないか、誰の能力を最大限に発揮させるべきか、それが決まっている。ネイマールやロナウドに100%のプレーをさせるために、他のスターたちは少しずつ、あるいは大幅に譲歩しなければならない。

ベルギーではアザールがエースだが、アザールのためのチームにはなりきっていない。それが良いかどうかはわからないが、ベルギーが力を結集しきれない一因ではあると思う。リオネル・メッシやロナウドがチームの一員ではなく、文句なしの船頭になってから彼らのチームは別格になった。ベルギーがタレント揃いの好チームから飛躍するには、アザールをどう扱うか、そしてアザール自身がそれだけの力を示せるかにかかっているのではないか。

アザールのプレースタイルは〝左側のメッシ〟だ。中央から左側に位置し、そこからドリブルで仕掛ければまずとめられない。まずは、ベルギーがチームとしてその場所をアザールに提供しなければならない。

そのためにはメルテンスやカラスコやデ・ブルイネがプレーしにくくなるかもしれない。それをチームとして受け入れるかどうか。ティエリ・アンリは「何もないところからチャンスを生み出せる。スーパースターの証を持つ」とアザールを評する。ロシアワールドカップはアザールとベルギーの黄金世代がピークを迎えるタイミングであり真価が問われる大会となる。

両足から繰り出す唯一無二、正確無比のインサイドを持つベルギーの至宝

デ・ブルイネ

ベルギー／マンチェスター・シティ

1991年6月28日生まれ、ベルギーのヘント出身。母国クラブから2012年にチェルシーへ加入するもレギュラー定着には至らず、2014年にヴォルフスブルクに移籍。年間最優秀選手賞を獲得するなど活躍し、2015年からマンチェスター・シティでプレー。同クラブでリーグ、カップ戦タイトル獲得に貢献。

ラインをスキップするパス

チェルシーとマンチェスター・シティの対戦（２０１７年）は、およそ型どおりに推移した。ただ、どちらも想定内ではあるが思いどおりではない。チェルシーにはボールを奪う力がある。シティに攻め込まれるのは想定内、そこからカンテ、バカヨコらのボール奪取力を使って攻守をひっくり返して速攻へ持ち込みたい。ところが速攻のほうは不発だった。一方、シティもボールは支配できていたものの、なかなかフィニッシュまで結びつけられない。チェルシーのカウンターは封じていたが自分たちも決め手を欠いていた。どちらのゲームとも言えな

いが、どちらも自分たちの試合にはなっていた。

先に動いたのはチェルシーのコンテ監督だった。34分にモラタが負傷し、ウィリアンに交代。後半から中盤中央の配置を少しだけ変更している。前半はバカヨコが中央、右にカンテ、左にセスクだったのを、バカヨコとセスクの位置を入れ替えた。シティのビルドアップに対して、セスクを頂点とした三角形ならシティのトライアングルにピタリと合わせられる。ただ、それで劇的に何かが変わったわけではない。

前半にボールを支配しながら崩しきれなかったのは、攻撃がわかりやすかったからだ。ほとんどのプレーがチェルシー守備陣の監視下に置かれていた。シティに必要だったのはラインをスキップするパスだ。

1つ前ではなく、もう1つ前へのパス。1人をとばすことで、そのとばされた選手が次の瞬間に相手の監視から逃れることができる。前半のシティはそれがないためにパスの先々はすべてマークされ読まれていて、個人技による突破しか選択肢がなくなっていた。48分、シティは左サイドからラインをスキップさせたパスワークでゴールへ迫る。左サイドでボールをキープしたデルフの前方にはスターリングがいた。しかし、デルフはスターリングにはパスせず、右斜め前へ走り込んできたシルバへボールをつける。チェルシーの監視と予測の下にあるデルフ↓スターリングではなく、スターリングより前方のシルバへのパス。これでスターリングがチェルシーDFの視野から一瞬外れる。ペナルティーエリアの左角あたりでパスを受けたシルバがさらに前方へボールを流すと、そこにはデルフとシルバの中間にいたはずのスターリング、すでにポストの手前まで来ていた。スターリングのラストパスは防がれてCKになったが、シティが打開の鍵を手にしたことが明らかになったシーンだった。

この試合の決勝点となったデ・ブルイネのゴールは、デ・ブルイネとジェズスの壁パスから生まれている。ラインをスキップさせたパスワークではない。ただ、デ・ブルイネは最初のパスを受けたときにワンタッチで前方のジェズスへ捌いていた。パスの方向を変化させるようなフリックに近いパスだ。

デ・ブルイネのワンタッチパスは、自らをスキップさせたのと同じ効果を与えている。バレーボールの「1人時間差攻撃」と少し似ているかもしれない。

ベルギーにはエルジェ作の世界的に有名な漫画「タンタンの冒険」があるが、主人公のタンタンとよく似ている。

デ・ブルイネの武器はインサイドキックの強さと正確さ。サイドキックができない選手はいないので、これが武器といわれてもピンとこないかもしれないが、誰もがやっていることだからこそ「止める・蹴る」が秀でていれば、それは大きな武器になる。逆サイドのゴールエリア角へフワリと上げるパス（というよりほぼトスアップ）はシティ定番の攻め手だが、近いほうのGKとDFのわずかな隙間へ刺すような低いパスも速度と精度が抜群。いずれもデ・ブルイネの右足を生かした攻撃ルートだ。かつてのデイビッド・ベッカムと似ていてセットプレー同然の威力がある。右サイドのスペースへ斜めに走り込んで縦パスを引き出し、そのままダイレクトで折り返すクロスボールもよく使っている。無理な体勢なのに無理に見えない。まるで体を液状化させてGを分散させているかのようで、そんなときのデ・ブルイネは大きなネコになる。

カウンターアタックではジェズスやアグエロを狙ったスルーパスが十八番。球足が速く、距離が遠くても失速せずにDFの間を通過させられる。かつて冷遇されたチェルシーに対する決勝点は得意の右足でなく左足のミドルだった。左足でも同じような質のボールを蹴る。これもデ・ブルイネの長所だ。走れるしコンタクトにも強い。

ただ、彼の武器は誰もができるが同じ水準では決してできないサイドキックである。チェルシーはバチュアイとペドロを投入、前線を厚くして1点を追ったが、あまり効果的な攻撃はできずに終わる。カンテからのパスが再三カットされてシティのカウンターを許していたのは痛々しくもあった。

バルセロナで銀色の輝きを放つ変幻自在のコンダクター

イヴァン・ラキティッチ

クロアチア／FCバルセロナ

1988年3月10日生まれ、スイス出身。バーゼルの下部組織で育ち、2005年にトップチームデビュー。ドイツのシャルケ04を経て、スペインに渡る。セビージャでUEFAヨーロッパリーグ制覇に貢献し、2014年にバルセロナに加入。各年代のスイス代表に選出されるが、フル代表はクロアチア代表を選択。

スイス生まれのクロアチア人

生まれも育ちもスイス、U－17にはじまってU－21まではスイス代表だった。クロアチア紛争が起きる前に両親がスイスに移住していたからだ。父親と兄がサッカー選手という家庭でイヴァン・ラキティッチがプロ選手への道を歩んだのは自然の成り行きだった。7歳でバーゼルの下部組織に入り、2005年にトップチームに昇格。16歳のころにはヨーロッパでは知られた存在になっていた。

2007年にドイツのシャルケ04へ移籍し、4シーズンを過ごした後にスペインのセビージャへ。3シーズンで117試合に出場して27得点、13－14はEL優勝に貢献した。このシーズンはキャプテンも務め、チームの中心として活躍した。

ラキティッチは中盤ならどこでもプレーできる。正確なボールコントロールとパス、運動量もありコンタクトも強い。ゲームが読めて強烈なミドルシュートからの得点力もある。セビージャでは途中からポジションを1つ上げてトップ下でプレーしていた。このころのラキティッチは中盤でボールを受けて的確に散らし、ゴール前で得点に絡む仕事をする典型的なトップ下タイプにみえたものだ。2014年にバルセロナへ移籍した当初も、シャビ・エルナンデスの後継者という触れ込みだった。

ところが、バルサでのラキティッチはプレースタイルを大きく変化させている。

バルセロナに来た2014年の夏、ルイス・エンリケが新監督に就任している。ルイス・スアレスが加入し、メッシ、スアレス、ネイマールのMSNが結成されることになった。バルサには明確なフィールド上のヒエラルキーがある。フィールドの右側はシャビ、左はイニエスタの領域で、中央はメッシ。彼らの後方にブスケツがいる。この4人が主にプレーの決定権を持っている。どのようにプレーすべきかを心得ている4人でありチームの羅針盤となる選手たちだ。中でもパスワークにおいて最も重要なシャビの代役として右インサイドハーフに入ったラキティッチには、期待とともに不安も大きかった。しかし、ラキティッチはシャビの後継者というより独自路線を進むことになる。チームの構成が変化したからだ。エンリケ監督は、それまで偽ＣＦだったメッシを右ウイングへ移した。ただ、メッシ自身のプレースタイルはあまり変わらず、中央右寄りでパスを受けてフィニッシュへ向かう得意のパターンは同じ。そのぶん、右サイドに開いて幅をとる役割を右ＳＢであるダニエウ・アウベスが担当している。右のインテリオールは実質的にメッシであり、右ウイングがアウベス。２人が前へ出るので、ラキティッチの任務は主に２人の背後をカバーすることになったのだ。３冠を達成したこのシーズン、ラキティッチは縁の下の力持ちだった。

バルセロナには明確なバルサ・スタイルがある。ポゼッションが代名詞になっているが、ポゼッションとポジションが両輪だ。いつ、誰が、どこにいるべきかが決まっていて、そこからあまりにも逸脱してしまうと全体の構成が歪んでしまう。例えば、左サイドから攻め込むのが難しくなった、あるいは難しくなりそうだという時点で、バルサはさっさと左を切り上げて中央や逆サイドへボールを移していく。片側に敵がたくさん来たということは別の場所が手薄なのだから、早く諦めて場所を変えるべきだという考え方なのだ。そのためのポジションバランスになっている。いつ仕掛けて、いつ諦めるか。カンテラ出身者はそのあたりの見極めが、もう体に染みついているのだが、外から来た選手は少し時間がかかる。そこでブスケツ、イニエスタ、メッシといった頭脳になる選手たちが頼りになるわけだ。迷ったら、とりあえず彼らに預けておけばいい。最初からシャビの代役にならないことはわかっていた。

セビージャでチームの頭脳だったラキティッチだが、バルサではメッシ、イニエスタ、ネイマールらに良い形でプレーさせることが優先される。そのために他の選手が存在するといっていい。バルサに来た選手は、弁えたプレーが要求されるわけだ。ラキティッチは非常にすんなりとメッシ、イニエスタ、ブスケツらの隙間に収まっている。あっさりと自分の居場所を見つけて確保できたのは頭がいい証拠だ。遠慮はしないが出すぎない、チームにとってちょうどいいプレーヤーになった。他のチームなら、攻撃の全権を握るような役割を任されていたかもしれない。バルサで巨大な個をつなぐ接着剤のような選手になったことがラキティッチにとって本当に良かったのかどうかはわからない。性格的にそういうことができない人もいる。ただ、クロアチア代表でもラキティッチはモドリッチを前へ出し、自分は後方支援を行っている。

すべての選手が個性を発揮できるようなチームは理想だが、必ず誰かが割を食う。仮にメッシが3人いたら、1人は〝メッシ〟ではなくなるだろう。主役級の力がありながら脇役に徹する。セビージャで金色に輝いていたラキティッチは、バルサでは銀色になったが依然として輝きを放っている。

地味な仕事も厭わない ヨーロッパと ブラジルが融合した 高性能アタッカー

ウィリアン

ブラジル／チェルシー

1988年8月6日生まれ、ブラジル出身。母国のコリンチャンスでキャリアをスタートし、2007年にウクライナのシャフタール・ドネツクに加入。同クラブで活躍後、ロシアのアンジ・マハチカラを経て、2013年にチェルシーに移籍。プレミアリーグ制覇などのタイトル獲得に貢献している。

ヨーロッパナイズされたブラジル人

ＣＬのラウンド16、チェルシー対バルセロナの第１レグは１－１のドロー。バルセロナのカンプ・ノウでの強さを考えると、チェルシーとしては勝っておきたい試合だった。実際、ウィリアンのゴールで先制したのだが、自陣でのミスパスからメッシに決められてしまった。チェルシーはバルサに圧倒的なボール支配を許しながらも、ほとんどチャンスを作らせていなかっただけに悔やまれる失点である。

手数は少ないながら、チェルシーはチャンスも作れていた。ウィリアンの最初のシュートは右ポストを直撃、２本目は左のポスト、３本目でニアサイドを抜いてゴール。もし全部決めていれば３－１でチェルシーの勝利だった。

ウィリアンの３本のシュートは、ほとんど蹴り方が同じである。状況はそれぞれ少し違うけれども、止めてアウトサイド少し右前にボールを置き直し、素早く右足を振り抜いている。１本目はペナルティーエリア中央の左側でアザールの横パスを受け、対峙するブスケツを得意の右アウトで右へ持ち出すフェイントで外し、もう一歩横へ流れてコースを作ってからファーサイドへ巻いていく強烈なシュート。ＧＫテア・シュテーゲンは完全に見送った一撃だったがポストを叩いた。

右足のインサイドでタッチするような動作から、そのまま右足は着地させずにアウトで右へ持ち出す。つまり左足の踏み替えだけで急激に加速するわけだ。このフェイク一発でブスケツは外されていて、もう１タッチで置き去りにされた。

この瞬間的な体重移動と加速はウィリアンの独壇場だ。シュートコースがゴールの枠外から枠内へ入っていく、つまりＧＫが届かないコースなので名手テア・シュテーゲンも反応できなかった。

２本目もボールを受けた場所はほぼ同じ。こぼれ球を拾ってのニアへの強烈な一撃である。ウィリアンはボールへ寄りながら右足インサイドでコントロールした後、そのまま右足を着地させずにアウトで触ってシュート体勢を作っている。

アウトのタッチはわずかなもので、フェイントをかけたわけではないがファーストタッチとセカンドタッチで右足を浮かせたまま、左足の踏み替えだけで行っているのは1本目のフェイント動作と同じ種類の動き方だった。今回はＤＦに右から寄せられる前に打ち抜いている。

そして得点の3本目は、1本目と同じフェイントでブスケツを外して真っ直ぐニアサイドへ低いシュートを叩き込む。ブスケツは1本目と同様に体を投げ出しているがどちらも全く間に合っていなかった。

名門コリンチャンスでデビューして2シーズン、ウクライナのシャフタール・ドネツクへ移籍した。酷寒、かつての炭鉱街はブラジル人には厳しい環境だ。ただ、シャフタールはブラジル人で攻撃陣を固めてヨーロッパの強豪へ成長したクラブだ。

攻撃はブラジル人の技巧とヒラメキだが、守備は洗練された組織。このバランスがヨーロッパに順応するのにちょうどいいのかもしれない。ウィリアンのほかにもルイス・アドリアーノ、ジャジソン、フェルナンジーニョ、ドウグラス・コスタを輩出、現在もブラジル代表のタイソンやフレッジがプレーしている。

アンジ・マハチカラを経てチェルシーですでに5シーズン、15－16シーズンはファン選出のクラブMVPに選ばれた。ウィリアンは典型的なブラジル選手のイメージだろう。上手くて速くてトリッキー、それでいて豊富な運動量と守備をしっかりやれる点でヨーロッパナイズもされていてデュエルの強さもある。

フリーキックの名手。ワンフェイクでかわしてのミドルとフリーキックは蹴り方が同じだ。自分の型がしっかりある選手だといえる。強くて正確なボールを蹴るうえで、ボールと自分の位置関係がはっきりしているのだ。

ブラジル代表ではコウチーニョとポジションを争うことになりそうだ。ただ、先発でなくてもウィリアンには必ず出場機会があると思う。

6、7試合を戦うチームはほとんどのフィールドプレーヤーを使い切る。ましてウィリアンのような一発のあるタイプは、一振りで試合を変えられるので重宝される。一発以外の地味な仕事もやれるので、どちらにしてもプレーする可能性は高いのだ。

欧州にある小国の小さな町が輩出したゲームを支配するラウドルップの後継者

クリスチャン・エリクセン

デンマーク／トッテナム・ホットスパー

1992年2月14日生まれ、デンマークのメデルファード出身。2008年からオランダのアヤックスのユースチーム所属し、2010年にトップチーム昇格。リーグなどのタイトル獲得に貢献し、2013年にプレミアリーグのトッテナム・ホットスパーに加入。2010年からデンマーク代表としてもプレーする。

ラウドルップ以来の天才

デンマーク南部のミドルファートという街の出身。人口1万5000人ほど、水辺の静かな雰囲気の街らしい。クリスチャン・エリクセンが生まれた1992年はデンマーク代表が初のビッグタイトルであるユーロを制した年だ。

もともとデンマークのグループを勝ち上がったのは旧ユーゴスラビアだった（ちなみに監督はイビチャ・オシム）。しかし内戦の影響でユーゴは出場できずデンマークが持ち上がりで出場することに。隣国スウェーデンの開催だったが、代表選手たちは皆バカンスに出かけていたという。それがあれよという間に優勝してしまった。長いシーズンを戦った後の大会に臨むにあたって、トレーニングなどせずに休養にあてたほうがいいのではないかという議論があったのを覚えている。

「典型的なダニッシュ・スクールの選手だね」

エリクセンがアヤックスでプレーしていたころのヨハン・クライフのコメントである。クライフがどういうデンマーク人観なのかはわからないが、おそらくミカエル・ラウドルップが念頭にあったはずだ。ドリームチームの中心選手だった。デンマークがラウドルップのような逸材を次々と輩出できているわけではないけれども、エリクセンについては後継者と呼ぶに相応しい。

地元のＭＧ＆ＢＫでプレーを始めた。２００５年にオーデンセＢＫのユースチームに移り、15歳のときには多くのチームからの誘いに応じてトライアルを受けている。チェルシー、バルセロナ、レアル・マドリー、マンチェスター・ユナイテッド、ＡＣミラン、このクラブ名だけでもエリクセンがいかに将来を嘱望されていたかがわかる。ところが、最終的にエリクセンが選んだのはアヤックスだった。

「最初の一歩はあまり大きくすべきではないと思った。オランダへ行ったのは進歩のためにはとても良かった」（エリクセン）

若い選手が成長するには、アヤックスは確かにとても良いクラブである。かつてヨーロッパの頂点に君臨したころの強さはなくなっていたが、それでも多くの名手を生み出していた。ズラタン・イブラヒモビッチ、ウェスレイ・スナイデル、エドウィン・ファンデルファールトなど、数々の俊英を輩出してきた。エリクセンは「典型的な10番」として育てられたようだ。ユースで2年、トップに昇格して3シーズンプレーした。エリクセンがラウドルップを想起させるのは、その針穴を通すようなスルーパスだ。敵味方でごった返しているようにみえる中、糸を引くようなスルーパスを差し入れる。ボールが実際に通過してみて、はじめてあんなところにパスコースがあったのかと気づくようなスルーパスだ。

２０１３年にプレミアリーグのトッテナム・ホットスパーへ移籍。スパーズの中心選手として揺るぎない地位を築いた。針穴を通すパスは健在、とくにデレ・アリとの相性がいい。スパーズではアリがトップ下、エリクセンは右サイドでプレーすることが多いが、ともに典型的な10番タイプだけに感性が合うのだろう。優れたパスの出し手は、チームメートに同じタイプがいると優れた受け手にもなる。エリクセンは得点力も高く、ロシアワールドカップ予選のプレーオフではアイルランドに先制された後のハットトリックで出場権をもぎとった。右足のミドルシュートに威力があり、ブレ球を蹴る。さほど力を入れている感じもなく、フンッと一振りすると無回転のシュートが飛び出す。ＦＫも得意でこちらはクイッとフックする球筋。ミドルレンジのパスも非常に精度が高く、クロスボールも長い縦パスもピンポイントだ。もともと軸足を抜くような蹴り方のせいか、動きながらあまり予備動作もなくキックするのでタイミングを逃さない。

デンマークはヨーロッパサッカー界でちょっと特殊な位置を占めている。強豪国とはいえないが、ラウドルップ兄弟、モアテン・オルセン、ペーター・シュマイケルなど、スーパーな選手を輩出してきた。サポーターは熱心だが暴動を起こすようなファナティックなところがなく、フーリガン全盛のころには対照的な穏やかさから〝ローリガン〟と呼ばれていた。基本的には北欧らしい整然とした堅実なプレースタイルだが、１９８４年の欧州選手権のときのように攻撃的な３－５－２でいきなり時代の先端をいくこともある。一発屋のイメージといったらいいだろうか。

デンマーク人はジョークがきついことで知られている。物事を客観視できるからかもしれない。現実的で楽天的。いつも強いわけでもなく、強くなければならないという強迫観念も全くない。そのかわりときどきとんでもないことをやらかす。今回のロシア大会がその周期がどうかはわからないが、もしそうならエリクセンがその中心にいるはずだ。

ストリートサッカーをピッチ上に再現し固定概念を覆すシンデレラ・ボーイ

ナビ・ケイタ

ギニア／RB ライプツィヒ

1995年2月10日生まれ、ギニア出身。フランスのFC イストルでプロデビュー後、2014年にオーストリアのザルツブルクに移籍。同クラブのタイトル獲得に貢献し、2016年からドイツのRB ライプツィヒに加入。2017年には、翌シーズンからプレミアリーグのリバプールに加入することが発表された。

カンテ＋メッシ

もしもメッシがボランチだったら……。エンゴロ・カンテのようにボールを奪い、リオネル・メッシのようにドリブルする。そんな選手などいるはずがないと思ってしまうかもしれないが実際にいるのだ。RBライプツィヒのナビ・ケイタがそうだ。

故郷のギニアでは石ころをゴールに見立てて裸足でボール（またはボールに見立てた何か）を蹴っていたという。主なフィールドは道路で、車をよけながらプレーした。ストリートサッカーでボールを奪うこと、奪ったボールをドリブルで運んで決定的なプレーをすることを同時に身につけた。

9歳で地元のクラブに入っているが、戦術を教わったことなどなく、16歳のときにフランスでトライアルを受けて初めて本格的なサッカーを知ったという。用語も全然理解できなかったそうだ。

ロリアンとルマンには入れなかったが、FCイストルのユースチームに加入。次のシーズンにはトップチームでデビューしている。そこからはシンデラ・ストーリーだ。次のシーズンにはオーストリアのザルツブルクへ、2シーズン後にはRBライプツィヒ、そして来季はリバプールでプレーすることが決まっている。

身長172センチと小柄だが、ボールを持つと一瞬で加速する。ピューンと飛び出していく様子は、昔流行ったおもちゃの車〝チョロQ〟みたいだ。足下にボールを吸い付けたまま敵の間をすり抜けていくときのケイタはまるでメッシである。

それでいてカンテのようにボールを奪うのも抜群に上手い。たぶんメッシがボランチだったらこんな感じなのだろうが、おそらくケイタほど継続的なプレーはできないだろう。

ラルフ・ラングニックがスポーツディレクターを務めるRBライプツィヒは特殊なクラブだ。飲料メーカーのレッドブルがスポンサーとなっていてザルツブルクとは兄弟関係、ラングニックはザルツブルクでも仕事をしていた。ヨーロッパでは珍しい新興クラブというだけでなく、サッカーも少し変わっている。

ラングニックの哲学は１９８０年代後半から世界を席巻したＡＣミランの発展形であり、攻守をシームレスにとらえる。フィールドの片側半分にほとんどの選手が集まり、錐で穴を空けるような突破を狙う。

狭いところを攻撃するので難しさはある半面、奪われたときのプレスが速い。むしろプレスで奪うために攻撃をしているといったほうがいいかもしれない。ボールポゼッションにはほとんど興味がないし、ビルドアップにもそれほど時間をかけない。データ分析と研究を重ねた結果の合理的なサッカーということなのだが、従来の価値観とは違った先鋭的な、ある意味挑戦的なスタイルである。

この未来的ともいえるスタイルのサッカーで、戦術など無縁の育ち方をしたナビ・ケイタが不可欠な存在になっているのが面白い。ストリートサッカー番長であるために、ボールを奪ってドリブルで突き進んだケイタだからこそ、従来の常識にとらわれないラングニックのサッカーにピタリと適合したのではないかとも思う。

狭いエリアでボールを奪いとり、そのままドリブルで突入して守備を切り裂く。ケイタが路上でやっていたサッカーと同じといえば同じなのだ。

ラングニックのスタイルはドイツでは多くの指導者に影響を与え、「ラングニック派」ともいうべきグループを形成している。来季にケイタを迎えるリバプールのユルゲン・クロップ監督もラングニックに影響を受けた1人だ。

ケイタの父親は熱烈なリバプールファンで、周囲のストリートサッカー仲間もリバプールのファンが多かったという。ザルツブルクで兄弟のような関係だったサディオ・マネも待っている。プレミアリーグでもケイタは大きな衝撃を与えるだろう。

考え抜かれた知性の集積のようなサッカーとストリート・キッズの相性が抜群だったのは意外だが、それも我々が固定観念にとらわれている証拠かもしれない。メッシとカンテの融合など思いもよらなかったのに、もう実物が存在しているのだから。

ポルトガルが生んだ時間と空間を操る逆足ウイングのエキスパート

ベルナルド・シルバ

ポルトガル／マンチェスター・シティ

1994年8月10日生まれ、ポルトガルのリスボン出身。ベンフィカの下部組織で育ち、トップチームデビューを果たすも定着には至らず、フランスのモナコへ移籍。中心選手として活躍し、リーグタイトル獲得やUEFAチャンピオンズリーグの躍進に貢献。2017年からマンチェスター・シティに加入した。

逆足ウイングは今日もナナメ

アルゼンチンの10番を背負ったアリエル・オルテガはドリブルの名手だった。ある日、ある人がこう言った。

「オルテガは切り返すときに〝オ〟の字になるんですよ」

オルテガの「オ」になっているというのだ。両腕を広げて右足でボールを抱え込むときのオルテガは、確かに「オ」を体現しているようにみえた。それからというもの、オルテガを見るたびに「オ」になっているかどうか気になって仕方なくなってしまった。ベルナルド・シルバは、だいたい右サイドで斜めになっている。

左利きの右ウイング。左足でボールを引きずるようにキープするときのベルナルド・シルバの体は右へ傾いていて、いかにも左足のアウトで切り返しますよという持ち方だ。実際、左のアウトで切り返すことが多い。それでいてほとんどボールをとられない。

切り返す前に、左足で切り返すようなフェイントを入れているので、いつ本当に切り返すのかわかりにくいからかもしれない。また、うっかり足を出すとそのまま縦に抜けられてしまうこともある。体が傾いているぶん懐が深い持ち方になっていて、切り返しを予測して足を出すとスルリと縦へ持ち出されてしまう。

ペップ・グアルディオラ監督は、マンチェスター・シティでは順足のウイングを使っていた。右は右利きのラヒム・スターリング、左は左利きのレロイ・ザネ。縦へ突破して低いクロスを大量生産することで得点を生み出している。ちなみにバルセロナやバイエルン・ミュンヘンを指揮していたときのウイングは逆足ウイングだった。

利き足とサイドが同じ場合は、縦への持ち出しからのクロスが使いやすい。縦への突破は相手ディフェンスラインを動かすことを意味するので、GKとDFの間を狙うクロスや戻っていくDFの手前を狙ったクロスなど、攻め手が広がりやすい。

一方、利き足とサイドが逆の逆足ウイングはカットインしてのシュートが狙いやすい。ベルナルド・シルバもカットインからのシュートが上手いが、むしろ武器は切り返した直後に左足から繰り出すクロスボールである。ピンポイントで合わせられる精度があり、切り返した瞬間にはもう照準を合わせている。

プレーメーカー型ウイング

ポルトガルはウイングの名産地だ。ヨーロッパではオランダと双璧だろう。

ルイス・フィーゴは右も左もこなせる名ウイングだった。リカルド・クアレスマも左右両方できるが、左サイドから右足のアウトサイドでカーブをかけたクロスがトレードマークという変態系である。すっかりゴールゲッターになったクリスティアーノ・ロナウドも二十歳そこそこのころはフェイントがうるさい変態ウイングだった。

ほかにも逆足タイプのシモン・サブローサ、左右どちらもOKのナニ、古くは少しだけJリーグでもプレーしたパウロ・フットレ、ベンフィカのレジェンドであるジョゼ・アウグストなどを輩出している。

ベルナルド・シルバは名門ベンフィカのユース育ちだが、ブレイクしたのはリーグアンのASモナコだった。ポルトガル人のレオナルド・ジャルディム監督が率いるモナコはハメス・ロドリゲス、ラダメル・ファルカオが移籍して若手への切り替えを図っていた。

ベルナルド・シルバは4-4-2の右サイドハーフとして活躍し、昨季はCLベスト4とリーグ優勝の原動力となっている。

このときのモナコはヨーロッパ屈指の得点力を誇っていたが、実はカウンターが得意なチームだった。GKやDFからの丁寧なビルドアップはなくて、相手に寄せられたら躊躇なくロングボールを蹴っていた。攻撃時間が長いわけではなく効率が良かったのだ。

カウンターでベルナルド・シルバへボールが入ったら、例の左アウトの深い切り返しでマークを外すと、間髪入れずに正確なラストパス、復帰したファウルカオやキリアン・エムバペへチャンスボールを供給し続けた。

シティはモナコとは対照的なチームだが、ベルナルド・シルバは上手く馴染んでいる。インサイドハーフでもプレーできるタイプであり、本人もダビド・シルバを見習っているという。たんなる突破型のウイングではなく、時とスペースを操れるクオリティを持つ。これからまだまだ伸びていきそうだ。

ファンタジスタだがテクニックだけに非ず過去の名選手たちに重なる姿

マテオ・コバチッチ

クロアチア／レアル・マドリー

1994年5月6日生まれ、オーストリア出身。ディナモ・ザグレブでデビューし、同リーグの最年少出場・最年少得点の記録を更新した。その後、イタリアのインテルを経て、2015年からレアル・マドリーに在籍する。年代別のクロアチア代表としてプレーし、2013年にフル代表デビューを果たした。

コバチッチがエース対策に適任な理由

ＮＫディナモ・ザグレブからインテルへ、そしてレアル・マドリーへ移籍したのが２０１５年の夏。クロアチア代表のルカ・モドリッチや当時レアルの監督で、インテル時代の監督でもあったラファエル・ベニテスの推薦があったという。

マテオ・コバチッチは旧ユーゴスラビアの名人たちの系譜を継ぐ。強い足腰と柔らかいボールテクニック、そして大胆な発想力。十代のころからクロアチアの将来を背負って立つ大器と目されていた。ただ、レアルの選手層は厚い。先輩のモドリッチがいて、トニ・クロースもいる。盤石の２人を支えるカゼミーロも不可欠で、イスコも台頭していた。コバチッチの出番は限られていた。

今季のスーペルコパ、コバチッチは意外なところで脚光を浴びることになる。リオネル・メッシのマーク役をこなして完封してみせたのだ。12月23日のエル・クラシコでもコバチッチはメッシ番で先発、前半は完璧に抑えている。

コバチッチはセンターサークルでまずセルヒオ・ブスケツを制御し、さらに自陣に引いたときにメッシをマークする任務を果たしていた。

ビルドアップの軸となるブスケツにパスが入らないようにし、次にブスケツをカリム・ベンゼマに受け渡して自陣へ引くと、今度はセルヒオ・ラモスからメッシを受け取る。そこからはメッシにぴたりと影のようにつきまとう。エル・クラシコの命運はコバチッチにかかっていたといっていい。

レアル・マドリー対バルセロナは0－0でハーフタイム。レアルは4つの決定機を決め損ねている。守備は完璧だった。しかし後半に様相は一変する。

エルネスト・バルベルデ監督がポジションを整理すると、バルセロナはようやくパスが回り始める。そして54分にラキティッチのドリブルからセルジ・ロベルト、ルイス・スアレスと渡ってゴール。このとき、コバチッチはラキティッチの近くにいながらボールを奪いに行かなかった。

メッシがいたからだ。コバチッチとレアルは、メッシよりもラキティッチをフリーにすることを選んだといえる。メッシはコバチッチを試すように、ゆっくりとラキティッチの後方をジョギングしていた。63分、コバチッチに対してメッシがファウル。すぐに立ち上がれない強烈な当たりだった。コバチッチが回復しないうちにバルセロナが攻め込むと、カルバハルのハンドボールでバルサにＰＫが与えられ、ここまで眠っていたメッシが決めて２ー０。メッシは93分にも得点、しかしこのときにもうコバチッチはピッチにいなかった。終わってみればメッシのクラシコだった。ただ、コバチッチにとってこれは終わりではなく物語の始まりなのかも知れない。

ファンタジスタがファンタジスタをマークする。ミスキャストの極みのようだが、意外とあるのだ。１９６６年ワールドカップ決勝、イングランドの攻撃のすべてを握る男、ボビー・チャールトンをマークしたのは20歳のフランツ・ベッケンバウアーである。西ドイツは最大の攻撃カードを自ら捨てたことになるが、そうまでしてもチャールトンを止めなければならないと考えていた。このときの西ドイツの中盤はベッケンバウアーのほかにボルフガング・オベラーツとヘルムート・ハーラーがいたが、いずれも攻撃型の選手。チャールトンを抑えられる可能性があるのはベッケンバウアーしかいないと判断したようだ。

ベッケンバウアーは奮闘してある程度の制御はできていたが、イングランドに疑惑のゴールで敗れたので作戦成功とは言い難い。それ以上に西ドイツの作戦は「弱気」と批判された。１９７０年、４年後の準々決勝でベッケンバウアーはリベンジを果たし、イングランドを自らのゴールとともに打ち破っている。ただ、彼が「皇帝」になったのはリベロとして君臨するさらに４年後だ。もう誰もマークする必要がなかった。

１９８６年ワールドカップ決勝、ディエゴ・マラドーナをマンマークしたのはローター・マテウス。マテウスはダイナミックなＭＦで西ドイツのエース格だった。だが、マラドーナをマークできるのはマテウスしかいなかった。ベッケンバウアーと似たケースといえる。マテウスもあらかたマラドーナを封印したが、勝ったのはアルゼンチンである。そしてマテウスも４年後にリベンジしている。１９９０年イタリアワールドカップ決勝、マテウスはリベロとして全軍を統率、アルゼンチンを破って優勝した。マラドーナのマークはギド・ブッフバルトに任せている。

コバチッチがメッシ番にされている理由は、ベッケンバウアーやマテウスの場合と同じだ。攻撃で発揮される多彩な技巧とステップワークは、守備面で読みとアジリティとして発揮される。メッシの素早さに対抗できるのはカゼミーロの強さよりもコバチッチの速さなのだ。

本質を捉えた〝静〟のプレーで最適解を導き出すバルサの頭脳

セルヒオ・ブスケツ

スペイン／FCバルセロナ

1988年7月16日生まれ、スペインのサバデイ出身。2005年からバルセロナの下部組織で育ち、2008年に1部リーグ初出場を果たす。以降、バルセロナで多くのタイトル獲得に貢献している。スペイン代表としても、2010ワールドカップやEURO2012に出場し、同大会で優勝を果たした。

フィールドの羅針盤

「サッカーでは足と頭のどちらが大事ですか？」

この質問にペレは「どちらかといえば頭です」と答えた。「頭の中身のほうですが」と。

セルヒオ・ブスケツはバルセロナの頭脳だ。司令塔であり攻守の要である。リオネル・メッシ、アンドレス・イニエスタとともにバルサスタイルが染みこんだ選手で、チームメートが無条件にボールを預けられる存在でもある。ところが、ブスケツにはメッシのようなスピードもなければイニエスタのテクニックもない。あるのは頭脳で、ペレの言う頭の中身だけといっていい。ブスケツはむしろ遅い選手だ。テクニックはあるけれども、それが表面には出ない。

速くもないし、そんなに上手くも見えない。ブスケツがバルセロナ以外のチームでプレーしていたら、もしかしたらレギュラーポジションさえ獲得できないかもしれない。それだけバルサのプレースタイルや哲学と密接に結びついていて、だからこそバルサの司令塔になっている。つまり、バルサのピボーテに要求されるのはまずもって頭脳だということになる。

ブスケツはディフェンスラインの前に位置する。そこでビルドアップの軸になる。ボールがブスケツを経由しようがしまいが、組み立ての中心だ。ブスケツのポジショニングには全部意味があって、パスが来なくてもそこに立っていることでパスの流れを作り出している。

敵のプレッシャーを受けても外せる。ソールで引く、立ち足の後ろを通す、肩の動きで敵を誤った方向へ誘導するなど、止まった状態のまま巧みに敵のプレスをかわす。もちろんパスでかわすことも多い。どこへボールを動かすと敵がどう動くか、その結果味方へのどのパスコースが開くか。常に先を読んでいて、そのためのポジションをとりパスを捌いている。

バルセロナはバックパスを多用する。自陣方向へボールを下げることに疑問を持つ人もいるが、下げる間に新たなパスコースを作る、あるいは敵に追わせることで味方をフリーにする。いわゆる「縦に早い攻め」と真逆のアプローチで、自分たちが縦へ急がなくても、敵にボールを追わせて引き出して穴をつけば、時間的には早くはないが確実に敵ゴールへボールと人を進められる。ブスケッはバックパスを受けられる場所に立ち、戻ってきたボールを新たな場所へ、正しい方向へ淡々と流していく。フィールドの羅針盤で交通整理役なのだ。

バックパスを受けられるポジションに立つと同時に、敵にボールを奪われたときにはハイプレスの出口を塞ぐのがブスケッの役割になっている。

味方がプレスを仕掛けたとき、どこが囲い込みの出口になるかをブスケッは的確に探り当てる。出口に先回りしてカットすることもあれば、わざと空けておいて奪うこともある。自分の姿を見せるだけで敵の判断に影響を与えることもある。

ただし、出口の封鎖に失敗したときのブスケッはスピード不足の弱点が露呈する。広いスペースを埋める走力に欠けているので、中盤を一気に通過されてしまうこともあるのだ。バルセロナだけでなくスペイン代表でも、ブスケッの走力は弱点だった。もちろんそれを補って余りある存在なのだが、ユーロ２０１６のイタリア戦ではロングボールでプレスを回避したイタリアに対して、ブスケツは出口封鎖能力を発揮しきれなかった。はじめて大きなクエスチョンマークがつけられた試合だったかもしれない。

ところが、ちょうどそのタイミングでイヴァン・ラキティッチがバルサにやって来る。やがてブスケツと中盤中央エリアを分担することになり、カバーリングエリアの広いラキテッチはブスケツにとって願ってもない相棒となった。スペイン代表でもコケとコンビを組むことが多くなった。こちらもダイナミックな動きができて静のブスケツとの相性がいい。

頭を使ってプレーできるのは、たんに要領がいいのとは違う。サッカーの本質を理解しているということだ。ブスケツは若いころから大人のプレーヤーであり、バルセロナでしか通用しない選手というよりも、バルセロナで中心になれる高級素材なのだろう。高級マグロを煮て食べる人はいない。ブスケツはバルセロナとスペインだからこその、ある意味チームを選ぶ選手なのだ。

風貌はテロリスト
ピッチでは優等生
チームを支える
フィールドの「王」

ラジャ・ナインゴラン
ベルギー／ASローマ

1988年5月4日生まれ、ベルギーのアントウェルペン出身。イタリアのピアチェンツァでキャリアをスタートし、2010年にカリアリへ移籍しセリエAデビュー。レギュラーとして活躍し、2014年からローマに在籍する。年代別のベルギー代表としてプレーし、2009年にフル代表デビューを果たした。

目を合わせたくない男

路地でこの人に出くわしたら、絶対に目を合わせたくない。金髪あるいは赤髪のモヒカン、全身タトゥー、筋骨隆々……ラジャ・ナイゴランはテロリストに間違えられて通報されたことがあるそうだ。見るからに武闘派、喫煙も公言していた。飲酒運転で罰金を払ったことも。

プレーぶりもほぼ見た目どおりで、ボールを刈り取る能力が高くコンタクトに強い。しかし、こう言っては何だが半分ぐらいは見た目とは違う。ボールコントロールに優れ、頭のいいプレーをする。キープ力も抜群でパスも正確だ。上手くて走れて戦える、モダンサッカーの理想ともいえるＭＦなのだ。

インドネシア人の父、フラマン人の母。父親は幼いころに失踪してしまい、母子家庭で経済的にも苦しかったという。名前のラジャはインドネシア語で「王」を意味する。あらゆるポジション、あらゆるプレーで最高水準のナインゴランは確かにフィールドの王たる資質を持っている。ベルギー代表では育成年代からプレーしてきたが、現在のロベルト・マルティネス監督になって一度、代表引退を宣言した。ワールドカップ予選で招集されなかったことが原因だが、その後は招集されて復帰した。マルク・ウィルモッツ前監督のときは絶対的なレギュラーだった。ウィルモッツはナインゴランの喫煙についてこう語っている。

「フランスやイタリアでは吸う人は多い。私は喫煙を止めようとは思わない。彼が必要としているならね。彼の体のことだ。たとえ35歳でなく30歳で引退しても」

プロサッカー選手の喫煙者は今でこそ少ないが、かつてはそうでもなかった。ユベントスが来日したときにパーティーが開かれ、筆者も会場に行ったことがあるがタバコの煙が立ちこめていたものだ。ざっと見渡して喫煙していないのはジョバンニ・トラパットーニ監督とロベルト・バッジョだけだった。「まだシーズン前だから」と言っていた選手もいたが、喫煙者がシーズン中に禁煙できるとは思えない。

アルフレード・ディステファノはハーフタイムに一服していたらしく、ブラジルの司令塔だったジェルソンもヘヴィ・スモーカーだった。2人とも無尽蔵のスタミナで知られていた名手である。元日本代表の中心選手も喫煙者だった。「そんなに吸って練習や試合で苦しくならないのか?」と聞くと、「吸っても吸わなくても苦しい」と答えていた。ナインゴランは喫煙者であることを隠していない。あれだけ動けるなら、ウィルモッツでなくても止めろとは言いにくいに違いない。そもそも受動喫煙の問題をクリアできていれば個人の問題ともいえる。

日本代表の取材で先日ベルギーを訪れたとき、目についたのは高校生男子のヒゲ率の高さだった。3~4割ぐらいがヒゲなのだ。流行っているのだろう。翻って、日本でヒゲ面の高校生はほぼ見かけない。法に触れないし、とくに誰かの迷惑にもならないはずだが、日本では同調圧力が強すぎてヒゲを生やしたくてもなかなか難しいのだろう。試合中に監督の指示と違うことができない、それは日本選手の弱点といわれている。試合が始まってみたら、監督が想定していた状況とは違っていた。そういうときに日本の選手は変更ができないことが多い。これは高校生のヒゲ率の低さと関係している気がする。

個の強弱ではない。ベルギー人が自信満々でメンタルが強いのではなく、たんに自分がやりたいこと、正しいと思ったことを実行するときのハードルが低いだけなのだ。日本の高校生がヒゲを生やしたいと思ったら、ベルギー人の何十倍ものエネルギーを必要とするに違いない。試合中に「これは変えなければダメだ」と思ってもすぐに実行に移せない。監督の指示を破ること、皆と違うこと、失敗の責任を被ること、日本の場合はそういう心理的なハードルが高いのだ。それは悪いことばかりではないが、サッカーではあまり役に立たない。ナインゴランはベルギー人で、モヒカン（またはスキンヘッド）で、全身タトゥーの喫煙者である。フィジカルもメンタルも屈強そうだが、常にチームのためにプレーしている。アンカーも攻撃的MFもウイングもできて、攻守にハードワークし、得点力もある。人を見た目で判断してはいけない、少なくともフィールド上のナインゴランは優等生だ。

チーム戦術に従ってプレーするだけでなく、決められた以上のことができる。深い位置から一気に駆け上がって得点し、逆に前線からフルスピードで帰陣してシュートをブロックする。その瞬間に判断し、チームのために期待以上の働きをしてくれる。自分のポジションがどこであるとか、作戦がどうであるとか、そんなものは関係なく、チームのために身をなげうつことができる。そんなときのナインゴランは真の〝ラジャ〟だ。

敵を吸い寄せ味方を活かす世界最高の素質を備えた天才

ムサ・デンベレ

ベルギー／トッテナム・ホットスパー

1987年7月16日生まれ、ベルギーのアントウェルペン州出身。母国クラブでデビュー後、オランダのヴィレムⅡを経て、ＡＺアルクマールに加入。同クラブでリーグタイトル獲得に貢献した。2010年にプレミアリーグのフラムに移籍。2012年からトッテナム・ホットスパーに加入した。

バキューム・クリーナー

トッテナム・ホットスパーのマウリシオ・ポチェッティーノ監督いわく、

「18歳か19歳で我々と出会えていたら、世界最高の選手になれたのにね」

本人にそう言ったそうだ。それは実際には「世界最高の選手」ではないという意味になってしまうが、もちろん貶しているわけではない。

「私が本を書くときは、出会えた天才の1人として登場するだろう」

ポチェッティーノがロナウジーニョ、ディエゴ・マラドーナ、ジェイジェイ・オコチャと並ぶ「天才」と認めるのがムサ・デンベレである。

スパーズでは2012年からプレーしている。アフリカのマリにルーツを持つベルギー人も30歳になった。ジェルミナル・ベールスホットでプロデビューした後は、ヴィレムⅡ、AZとオランダのクラブで活躍。プレミアリーグのフラムに移籍したときの移籍金500万ポンドはスパーズへ移るときには3倍になっていた。

フラムでプレーするまでのデンベレはウイングプレーヤーだったが、マーティン・ヨル監督がセントラルMFにコンバートしている。ヨル監督は「私が見てきた選手の中では最高のボールプレーヤー」と絶賛していた。スパーズでもドリブルで敵を引きつけて味方に最適のタイミングでパスを送るプレーから、チームメートのジェーメイン・ジョナスを「まるでバキューム・クリーナー」と感嘆させた。

広い肩、胸を反らすようにしながら腰をぐっと落とす。見るからに安定感のあるデンベレのドリブルはウイング時代と変わらない。中央へポジションを移してから、そのキープ力で攻撃のリズムを作っている。とにかく奪われない、確実に1人は外せる。センターバックからボールを預かって敵を引きつけ、味方をフリーにしてからパスする。敵を吸い寄せて味方にスペースを作る。

かつてはフェルナンド・レドンドがこうしたMFだった。少し場所は前だがジネディーヌ・ジダンもこれでプレッシングを破壊する最終兵器となっている。陣形をコンパクトに、縦横に圧縮させて、ボールホルダーから時間とスペースを奪う守備戦術は現在でも健在だ。ただ、万能ではなくなった。ジダンは世界中に普及した守備戦術の矛盾を1人でつき、風穴を空けた英雄だった。コンパクト、圧縮といってもフィールドが縮むわけではなく、人が集まってくれれば逆に空くスペースが出てくる。引きつけて奪われなければ、周囲には使えるスペースができる。守備側はジダンにプレスを強めれば強めるほど、自分たちの守備に穴を空くというジレンマを突きつけられた。単純な理屈だが、それを実現できる選手は希だ。デンベレもその1人であり、だから「天才」なのだ。デンベレが「天才」なのはキープ力だけではない。パスの成功率はプレミアでも常にトップクラス。それだけでなくタックルの成功率もトップクラスなのだ。奪われないだけでなく奪える。彼をフィールドの中央に置きたくなった理由の1つだろう。破格のプレーヤーであるデンベレが「世界最高」になれなかったのは、ベストポジションを見つけるのが遅かったこともあるが、それ以上にケガが多いからだ。2017年は足首の手術。その後も負傷して長期欠場を余儀なくされた。

世界最高の選手になれる資質がありながら、そうならなかった。そういう選手はデンベレだけではないだろう。選手生活に負傷リスクはつきものだ。それがキャリアに大きな影響を及ぼすかそうでないかは紙一重かもしれない。ボールをキープするデンベレのプレースタイルが敵のファウルを誘い、それが負傷につながっている可能性は高いと思う。しかし、だからといって最大の長所を捨ててプレーするわけにもいかない。185センチの体格でコンタクトプレーに無類に強いが、足首までは守れない。

サッカーは激しいスポーツだ。プロに関していえば激しすぎるといえる。「紳士のスポーツ」とも呼ばれるが、その英国紳士たちがかつてどんなに野蛮なプレーぶりだったかも知られている。ルールが確立されるまでのサッカーは「ハッキング」という相手の脛を蹴って撃退する行為が認められていて、ボールゲームというより格闘技だった。現代はもちろん安全性を考慮したルールになっているが、プロ選手で負傷しない人はいない。肉離れ、骨折、靭帯断裂、半月板損傷を日常生活で経験することはあまりないが、サッカー選手はこれを何度も経験する。普通の生活では事故でもないかぎり発生しない負傷も、プロ選手にとっては日常そのものだ。選手生命を奪うほど重症化することは少ないとしても、1つ間違えばというケースはいくらでも転がっている。サッカーは依然として危険なスポーツなのだ。

世界最高の選手になれなかったという点でデンベレには運がない。しかし、30歳までプレーできたのは幸運だったといえるかもしれない。いずれにしろ、天才の勇姿を見られるにもうそんなに長くないに違いなく、目に焼き付けておきたいものだ。

国外移籍を転機に見つけた天職 中盤の底で遂行される〝巨人〟の任務

ネマニャ・マティッチ

セルビア／マンチェスター・ユナイテッド

1988年8月1日、ユーゴスラビア（現・セルビア）出身。母国クラブからスロバキアのクラブを経て、2009年にチェルシーに加入。フィテッセへのレンタルを経て2011年からベンフィカに在籍。2014年にチェルシーに復帰し、タイトル獲得に貢献した。2017年からマンチェスター・ユナイテッドでプレー。

コンバートでブレイク

ずっとDFだったという選手もいるにはいるが、多くのDFは元FWや元MFである。ネマニャ・マティッチはスロバキアの年間最優秀選手に選ばれ、2009年にチェルシーへ〝最初の〟移籍をした。そのときはまだ攻撃的MFだった。

「スロバキアからビッグクラブへ移籍したのは初めてのことだと思う。まさに夢だった。ただ当時のチェルシーには多くの大選手がMFにいた。バラック、ランパード、エッシェンなどね」（マティッチ）

厚い選手層に阻まれ、オランダのフィ

テッセへ貸し出されている。転機は次の移籍先であるポルトガルの名門ベンフィカだった。当時のジェルジェ・ジェズス監督はマティッチを守備的MFにコンバートしたのだ。

「初めてのポジションだった。不安はあったが監督は『言うとおりにやれば少しずつ良くなる』と言ってくれた。守備的MFの他の選手がどうやってプレーしているかDVDを見まくった」（マティッチ）

現在のマティッチを見ると、正直あまり攻撃的MFだったという感じはしない。テクニシャンというよりボールを刈り取るタフなMFにしか見えない。それだけ板についている。もともとここが天職だったのではないだろうか。

2013年のプスカシュ賞でマティッチのゴールは第2位だった。1位はズラタン・イブラヒモビッチのバイシクルでのミドルシュート。これはもう文句なしだった。ちなみに3位はコンフェデレーションズカップの日本戦でのネイマールのボレー。

マティッチのゴールは左足のボレーシュートだった。なかなか豪快な一撃。足を地面と平行に振り抜いている。体は少し倒しているが体勢は崩れていない。地面と平行に足を振るには股関節が柔らかくないと無理で、日本人選手はけっこうこれができないと聞いたことがある。
「巨人だ。サイズだけでなくプレーのやり方においても」（ジョゼ・モウリーニョ監督）

１９４センチはヨーロッパでも「巨人」だが、そのわりにはボールタッチが柔らかく俊敏に動く。試合も読める。マンチェスター・ユナイテッドのOBたちが「マイケル・キャリックとよく似ている」というように、タフで守備を強いだけのMFではない。ベンフィカで守備的MFとして新境地を拓き、チェルシーへ二度目の移籍。モウリーニョ監督の下でプレミアリーグ優勝を果たし、アントニオ・コンテ監督の昨季も優勝。２０１７－18シーズンからマンチェスター・ユナイテッドに加入した。

井の中の蛙、大海を泳ぐ

モウリーニョ監督は必ず中盤の底に守備力のある選手を使う。FCポルトではコスチーニャ、第一期のチェルシーではクロード・マケレレを重用している。縦軸にそれぞれのポジションでのオーソドックスな名手を配置するのが優勝請負人のやり方だ。

ユナイテッドではロメル・ルカクが移籍の目玉だった。ただ、ルカクはカウンターアタックで無類の強さとスピードを発揮するタイプなので攻撃はどうしても速攻主体になる。縦に速く攻めなければルカクを獲った意味がない。しかし、縦に速い攻撃は陣形の間延びという問題を内包する。空いてしまいがちな中盤のスペースを埋めてくれる選手が絶対に必要で、モウリーニョにとってはカギを握る選手になる。マティッチはうってつけだった。

ユナイテッド加入前のスタッツだが、123試合でタックル成功率はエンゴロ・カンテより上の75%だったそうだ。〝マケレレの再来〟に負けないボール奪取力、これが現在のマティッチのストロングポイントである。

守備的MFへの転向はわずか5、6年前。実質1シーズンも経たないうちに、このポジションで世界トップクラスになった。もしコンバートしていなければ、これほどの選手にはなっていなかっただろう。本人の努力はもちろんだが、もともと向いていたのだ。本人も周囲も攻撃的MFだと思い込んでいたが、いざやってみたらもっと輝ける場所があった。

スロバキアリーグでお山の大将をやっていたら現在のマティッチはない。井の中の蛙で終わっていた。ただ、大海に出てみたらカエルではなく実はクジラだったというわけだ。

ビルドアップ

ハーフウェイラインより自陣寄り、主にセンターバックを起点とするビルドアップはチームによって違いがある。ディフェンスラインを何人で構成するかにもよるが、ここでは4バック（2センターバック）のケースを取り上げてみよう。

考え方はゴールキックからのビルドアップと同じだ。守備側がDF1人を余らせるとすると、攻撃側には1人の数的優位がある。守備側が1トップなら、2人のセンターバックのどちらかがフリーになる。フリーなる選手にパスをつなぎ、守備側の対応によって新たにフリーになる選手にパスをつないでいくわけだ。

4ー3ー3や4ー4ー2といった基本フォーメーションを大きく崩さずに攻撃する場合もあるが、現在はむしろ意図的にポジションを動かしてビルドアップするチームが多くなった。これもゴールキック時の配置と発想は同じである。ただし、ゴールキックでは配置の仕方がほぼ決まっているのに対して、センターバック起点のビルドアップではさまざまな配置がある。

例えばサイドバックを中心に配置を変える場合は主に2種類。サイドバックが中央へ移動して「ボランチ化」する、あるいはタッチライン沿いにポジションを上げて「ウイング化」する。いずれもプレスではめ込もうとする相手に対して、ポジションをずらすことではまりにくくする、それによってフリーな選手を作り出すことが目的だ。

サイドバックがボランチ化する場合は、センターバックからサイドバックへのパスの距離が近くなるメリットのほかに、ウイングへのパスコースが開く。サイドバック化の場合、センターバックの斜め前方のポジションをとるのはサイドバックではなくMFになる。同時にMFが下がる前の位置にはウイングが移動し、ウイングが移動することで空いたサイドのスペースへサイドバックが上がる。つまり、ウイング化にあたって3つのポジションが移動する。

サイドバックをボランチ化させるか、ウイング化させるかは、相手とのマッチアップがどうなるかが1つ。もう1つは、どちらのほうが選手の能力を発揮させやすいかが関係してくる。ボランチ化させるにはボランチとしてのパスワークに秀でたサイドバックでなければならないし、この方式でメリットになるウイングに強力な選手がいないと意味が半減してしまう。一方、ウイング化するサイドバックにはウイングとしての攻撃力が問われるだけでなく、中へ入るウイングがその場所でプレーできる能力が問題になる。

いずれにしても相手のプレスを外して、ボールを敵陣内へ運ぶことが目的。そのためのパスの受け手と出し手を誰にするのがいいかという点で、チームによって事情が異なるためにサイドバックのボランチ化とウイング化のどちらをメインにするかの選択があるわけだ。

2人のセンターバックの間にMFが下がって

きて、配置的に3バックにする方法もよく行われている。これは主に2トップ対応のビルドアップだ。2対2から3対2の関係にすることで1人をフリーにし、そこへ相手を釣り出すことで前方にパスコースを作るやり方である。

そこまでビルドアップに手間をかけず、前線のFWに縦パスを入れてサポートしていく攻撃を軸にするチームもある。中央のFWは相手DFを背負った状態でプレーしなければならないが、それが得意な選手がいれば手っ取り早く敵陣へ侵入できる。また、サイドのスペースへボールを入れてウイングが拾う攻撃も単純ではあるがスピードのある選手がいれば有効だ。

こうした中盤をスキップする攻撃はフリーな選手を経由させるわけではないので、FWの対人能力が問われる。また、パスの距離が長くなるので精度にも問題が出てくる。ただし、FWに優位性があればシンプルなだけに素早い攻め込みが可能であり、手数を省いているぶん成功すれば直接的にチャンスにつながりやすいメリットがある。自陣や中盤でボールを奪われるリスクも少ないので、たとえつながらなくても守備を構築しやすいという面も無視できない。いわゆる堅守速攻型の戦術に合った攻め方といえる。

ポゼッション型でサイドバックをボランチ化させる場合には、対角のウイングへのロングパスを出せるセンターバックがいると効果的だ。フンメルス、ピケ、ボアテングなどロングフィードの上手いセンターバックが活躍している。速攻型ではサラー、マネなどのスピードスターが生きる。

CHAPTER 3

DF

まるで踊るように歌うようにプレーする左サイドバックのエンターテイナー

マルセロ

ブラジル／レアル・マドリー

1988年5月12日生まれ、ブラジルのリオデジャネイロ出身。2005年にフルミネンセでデビューし、2006年にはブラジル代表で初出場を果たす。2007年にスペインへ渡り、レアル・マドリーに加入した。同クラブでリーグタイトルのほか、UEFAチャンピオンズリーグなど数々のタイトル獲得に貢献。

左利きには天才が多い

日本人にもいろいろな人がいるように、ブラジル人といってもさまざまだ。とはいえ、マルセロのイメージは典型的なブラジリアンといっていいのではないか。陽気でいつも歌っていて、自由で、そしてサッカーが上手い。

セレソンの左サイドバックは、なぜだか我々が思っているような典型的なブラジル人に受け継がれてきた。ロベルト・カルロスがそうだったし、ジュニオールもしかり。なぜか、いかにもブラジル人というタイプがいつもこのポジションにいる。しかめ面など似合わない、どんなときにも鼻歌まじりに切り抜けていくタイプだ。

11あるポジションで、唯一左利きでなければならないのが左サイドバックである。センターバックの左側も左利きが望ましいが、サイドバックの場合はマストといっていい。レフティでなければ両足利き。

とにかく左足は自由に使えなければならない。左足側にボールを置けること、そこから左足のフィードができること。なぜそうなのかは、逆に考えてみればわかる。左サイドバックが右足側にボールを置いたとき、敵が定石どおり内側のコースを切りながら寄せてくるとする。そのとき空いているタッチライン方向へのパスを右足で行うとなれば、かなりアングルは限られてしまう。左足で蹴れば届く距離が右足では届かない、アウトサイドでカーブをかければ別かもしれないが、左利きのほうが格段に有利なのだ。

左サイドバックより前のポジションについては、どちらが利き足でもそれなりのプレーはできる。だが、左サイドバックだけは左利きでなければフィールドを使いきれない。

左サイドバックが左利きであるべきなのと同じ理屈で、右サイドバックは右利きが望ましい。ただ、こちらがそれほど「右利きであるべき」と言われないのは、世の中には圧倒的に右利きのほうが多いからだ。古今東西、およそ左利きの割合は10人に1人だという。右サイドバックはとくに「右利き」と言わなくてもたいてい右利きなのだ。

ところが、左サイドバックはそうではない。イタリアの名レフトバックだったパオロ・マルディーニは右利きだった。左足も使える両足利きなのだが左利きではない。日本代表の歴代左サイドバックもほとんど右利き。

都並敏史、相馬直樹、長友佑都は左利きにみえるがいずれも右利き。例外として三都主アレサンドロがいるが、彼はブラジル人である。左サイドバックが左利きでないのは珍しくなく、むしろ必ずレフティのいるブラジルのほうが例外といえるかもしれない。

俗に左利きには天才が多いと言われるが、少なくともサッカーに関して正しいようだ。例えば偉大な選手を10人あげるとして、おそらくリオネル・メッシ、ディエゴ・マラドーナ、フェレンツ・プスカシュの3人は確実に入るだろう。ボビー・チャールトンも入るかもしれない。もうこれだけで左利きの人口比を大きく超えているわけだ。

ブラジルの左サイドバックはレフティで天才的で、陽性のサッカーを象徴している。マルセロはまさにその系譜にある。

戦術のカギを握るポジション

天才的なレフティのうえに、サイドバックはポジションがら天性のスピードの持ち主である。インスピレーションがあって、上手くて、そのうえ速いのだからプレーするのが楽しくて仕方ないだろう。

現代サッカーにおけるサイドバックは戦術的なキーポジションでもある。

現代のサイドバックはもはやサイドの守備者ではない。大きくポジションを上げてウイングとしてプレーする。むしろサイドアタックの主役はFWよりもサイドバックになっている。さらに近年はプレーメーカーとしての役割も担うようになった。タッチライン沿いではなく、中央へ移動して組み立てにより関与する。こちらはいわばサイドバックのボランチ化で「偽サイドバック」とも呼ばれる。

サイドバックがウイング化するかボランチ化するかは、チームの構成によって決まってくる。前線のサイドにFWを張らせるチームなら、サイドバックはボランチ化して中央で組み立てに加わる。それによってウイングへのパスコースを開けることもできる。ウイングが中へ移動するタイプなら、サイドバックはタッチライン沿いに上がってウイング化する。

ただ、サイドバック本人の適性もあるので必ずそうなるわけではない。ブラジル代表が強力なのは、サイドバックがウイング化もボランチ化も可能というところである。とくにマルセロはどちらの役割をやらせても抜群に上手い。

実際、ブラジルのビルドアップにおける優位性にはかなりの部分でマルセロが関わっている。相手の守備のやり方を見定めてからポジショニングを決めているからだ。相手のプレスの仕方を見て、常につかまりにくいほうへ基点を置く。セレソンの場合はカゼミーロ、レナト・アウグスト、フェルナンジーニョ、パウリーニョとボランチの人材が揃っているが、技術的にはマルセロのほうが上手い。後方のプレーメーカーはむしろ両サイドバックになるケースが多く、マルセロの左サイドがゲームを有利に動かしていくきっかけを作っている。

ブラジル選手の多くがそうだったように、マルセロもフットサルをやっていた。足裏を駆使したテクニック、自然に飛び出す股抜き、小さく鋭い振りのキック、敏捷なフットワーク、コンビネーション……サッカーのフィールドでもマルセロのプレーはフットサル的だ。

そうした技巧的で華やかなプレースタイルは、前向きにプレーできるサイドバックだからこそといえる。フィールドの中央でマルセロのようなプレーが許されているのは、メッシやネイマールといったごく一部の選手だけだ。中央ではどこから敵が来るかわからない。1人をドリブルで抜くなら、2人目も抜く力量が必要になる。すぐに敵が押し寄せてくる人口密度の高い中央でドリブルするなら、3人を手玉にとれる選手でないとあまり意味がない。

しかし、サイドなら少なくとも背後はタッチラインなのでそこから敵は来ない。2人目も見ながら1人ずつやっつけていく余裕がある。もっともマルセロは3人を手玉にとれる力があり、たぶん中央でもプレーできるだろう。

マルセロはいつも楽しそうだ。先輩のロベルト・カルロスもそうだった。上手くて速くて、スタミナもある。左利きという特権階級のうえに、攻撃では好きなように仕掛けていける。本人の性格もあるのだろうけど、これで楽しくないわけがない。踊るように歌うようにプレーするブラジルのサイドバックは、いつもサッカー好きを幸福な気分に満たしてくれる。

体の強さだけではなく高い守備能力と正確なフィードのセンターバックの鑑

マッツ・フンメルス

ドイツ／バイエルン・ミュンヘン

1988年12月16日生まれ、ドイツのヴェストファーレン州出身。バイエルン・ミュンヘンの下部組織で育ち、2006年にプロ契約。2008年からドルトムントに加入し、タイトル獲得に貢献。2016年に古巣であるバイエルン・ミュンヘンへ移籍。ドイツ代表の一員として、2014ワールドカップ優勝を果たした。

完璧なセンターバック

191センチの長身、冷静でイエローカードをもらうことは少なく、空中戦に強く、カバーリングに長け、読みが的確、ハードなマークもタックルもお手の物。ボールを持っても上手くてフィードの正確さには定評がある。マッツ・フンメルスはどこからみてもセンターバックの鑑のような選手だ。ブラジルのチアゴ・シルバと似た万能型のDFである。

サッカー選手の才能は1つではない。一般的に5つの才能があるといわれていて、GKの才能のほか、サイドプレーヤー（スピード）、プレーメーカー（アイデア）、ストライカー（得点能力）、そしてセンターバックの才能がある。プロのスカウトは13歳ぐらいの選手を見るときに、どの才能を持っているか注目する。才能を伸ばすことはできるが、ないものを加えることはできないからだ。サイドプレーヤーのスピードに関しては、筋繊維の割合に左右されるので最も先天的な能力に近い。ストライカーの得点能力は説明できないものもあるが、得点数という数字で表れるので比較的わかりやすい。

センターバックに求められるのは守備能力で、その中には体格も含まれる。小柄で偉大なセンターバックはいるけれども、それはむしろ例外といっていい。ただ、13歳時点では体格が完成されていないので、センターバックに関しては18歳ぐらいまでは何とも言えない部分は残る。ユース時代はあまり注目されていなかったのに、プロに入るころから急に頭角を表すセンターバックはけっこういる。センターバックとしての才能があっても、テクニックが不十分だったので評価が低かったというケースだ。技術は後からでも上手くはなる。技術がついてきた時点で評価が定まったセンターバックは少なくない。

得点の多くがクロスボールから記録されているのはよく知られている。逆に、クロスボールをはね返す能力がセンターバックには求められている。

1978年ワールドカップで優勝したアルゼンチンのダニエル・パサレラは名セン

ターバックだったが身長は高くなかった。ただし空中戦には強く、攻撃時でもセットプレーのときは相手ゴール前に現れてクロスのターゲットになっていた。パサレラはジャンプ力があり、ボールの落下点に助走をつけて入っていき、高いジャンプで空中戦を制していた。ところが、現在のクロスボールはずっとスピードが速くなっている。落下点を見極めて助走をつけて競りにいけるようなクロスは減っていて、かわりに瞬間的なポジショニングが明暗を分ける。ほとんどジャンプする余裕もないような高速クロスの競り合いでは純粋な身長差がモノをいう機会も多いのだ。

１９０センチと１７０センチでは圧倒的な身長差に思えるが、その差はボール１個ぶんほどにすぎない。ジャンプ力や駆け引きで補えない差ではなく、かつてはそれほど長身のセンターバックばかりではなかった。しかし、クロスボールの高速化とともにボール1個分の身長差が絶対的な意味を持つようになっているわけだ。

フンメルスは高さがある。ただ、それ以上に効いているのが幅だ。

空中戦とはいうが、決め手になるのは意外に高さよりも幅かもしれない。ボールの落下点に相手を入れなければ高さに関係なく勝てるからだ。フンメルスは競り合いの際に、ほとんどジャンプしていないこともある。腕を張って、そこから相手を侵入させない。そうすると相手はヘディングしたい場所に行けないので、もはや高さで勝てるとしても意味がないのだ。日本のファンに馴染みがあるのは、田中マルクス闘莉王だろう。幅で競り勝つタイプの典型だ。フンメルスも強力な腕力でバリアを張って敵を侵入させない。

フンメルスの体重は公称92キロ。これぐらい重量感があると、落下点の取り合いで押し負けることはない。高さだけでなく、重さもセンターバックには必要なのだ。重さは地上戦で侵入してくる敵を迎撃するときにも武器になる。フィジカルコンタクトで敵を押し出し、バランスを崩させることができる。足を蹴ればファウルになるが、ショルダーチャージはルールで認められている。肩同士でなくても体をつける守備はそんなにファウルはとられない。

もちろん体格だけでセンターバックが務まるわけではない。求められるのは守備能力であり、読みやスピードも重要な要素になる。そのうえでボールテクニックも求められるようになっている。フンメルスはセンターバックの才能に恵まれただけでなく、パスの精度に優れていて、アウトサイドで40メートルのパスを蹴る多彩なキックまである。フンメルスからの縦パスが攻撃のスイッチになるのは、バイエルン・ミュンヘンやドイツ代表でお馴染みだ。現在、最も完成されたセンターバックの1人である。

センターバックもサイドバックもこなすクレイジーな英雄の勝者のメンタリティ

セルヒオ・ラモス

スペイン／レアル・マドリー

1986年3月30日生まれ、スペインのセビリア出身。セビージャの下部組織からトップチームに昇格。2005年からレアル・マドリーに加入した。同クラブでのタイトルだけでなく、スペイン代表としてもEURO2008・2012優勝、2010ワールドカップ優勝といった数々のタイトル獲得に貢献している。

スペインのマルディーニ

「パオロ・マルディーニがもしスペイン人だったら、ＦＷかＭＦでプレーしていただろう」

イタリア人はよくそう言っていた。長身で均整のとれた体格、スピード、パワー、巧緻性のいずれも優れ、インテリジェンスがあってテクニックもいい。そんな才能の塊のような選手がイタリアではＤＦとしてプレーする。最も優れた才能を守備に使うのがイタリアの文化であり、スペインなら疑いなく攻撃に使うはずだという話である。

ところが、セルヒオ・ラモスはＤＦになった。

センターバックとサイドバックのどちらもできるのはマルディーニと似ている。パワーと体格が必要なセンター、先天的な能力であるスピードが要求されるサイド、どちらも難なくこなせるところに彼らの逸材ぶりが表れている。

「完璧なＤＦだ」

ＡＣミランではマルディーニのチームメートで監督でもあったカルロ・アンチェロッティはレアル・マドリーでラモスに出会い、マルディーニそっくりだと言っている。どちらも偉大なキャプテンで、勝者のメンタリティを持つ。ただ、大きな相違点が１つだけある。ラモスはリーガ・エスパニョーラの最多退場記録保持者なのだ。

８歳でセビージャの少年チームに入り、アントニオ・プエルタらとともに成長していった。後に若くして世を去ったプエルタの背番号15をスペイン代表で着けたラモスは、２０１０年ワールドカップで優勝したときに「プエルタに捧げる」と述べた。

19歳でレアル・マドリーへ移籍。２７００万ユーロの移籍金は十代の選手としては最高額だった。レアルではフェルナンド・イエロの４番を受け継ぎ、１７５試合にプレーしたところで早くもイエロの退場回数に並んだ。完璧なはずのＤＦが持つ唯一の欠点だ。ラモスの退場要因はもちろん１つではない。いらないファウルで２枚目のイエローをもらうことも多い。中にはイエローカードに相当したか疑わしいものがあったのも確かだ。ただ一方で、誰が見ても明白な一発レッドそのもののファウルも少なくない。リオネル・メッシをレイトタックルで吹っ飛ばしたときには、すぐ近くにいたチームメートのトニ・クロースでさえ「あーあ」という顔つきをしていた。荒れ狂ったときのセルヒオ・ラモスはチームメートが〝ひく〟ぐらいの無法者と化す。

球際の当たり方はかなりクレイジーだ。自分のケガも相手のケガもお構いなしに一切の妥協も容赦もない競り方をする。それがファインプレーになることも多いが、1つタイミングが違えばレッドカードになるという当たり方なのだ。退場王のラモスは悪逆非道というより、ただただネジが1本どこかへ飛んでしまうだけなのかもしれない。しかし、この恐怖心が欠如しているような闘争性は、彼の大きな長所にもなっている。

CL決勝の異なる2試合で得点した選手は5人いるが、DFはセルヒオ・ラモスだけだ。勝負どころのセットプレーで無類の強さを発揮している。

たんに空中戦に強いだけでなく、ラモスには優れた得点感覚が備わっている。ユース時代はFWでもプレーしていたようで、そのままやっていればフェルナンド・トーレスのようなストライカーになっていたかもしれない。

世の中には根拠なく自分が一番と思っている人間がいる。どんな危険に直面しても、なぜか自分だけは無事だと信じている。鉄砲の弾は当たらず、相手の拳は空を切るものだと思っている。そういう人たちは、怖がるからかえって危険なのだと言う。ラモスがそういうタイプだというわけではない。ただ、いくつかの瞬間には濃厚にその匂いがする。その一瞬に躊躇なく、文字どおり命がけの行動をとるからだ。

敵が思い切りボールを蹴飛ばそうとしているところに頭から突っ込み、敵の頭ごとヘディングで押し込もうとする。危ないなんて感じていたらできることではない。もうその瞬間のラモスは無になっているのだろう。もちろん危険は承知のうえなのだろうが、そんなハードルなどなかったように軽々と越えていく。

何人か存在する真の戦士であり、彼らにとってサッカーはただのボールゲームなどではない。肘をかまし、膝を入れ、頭と頭をぶつけ合う……フィールドはそういうことを合法的にできる場所なのだ。もちろん見とがめられればレフェリーによってフィールドから追放されてしまうが、見逃されることのほうがずっと多い。だから彼らは全く自重する気がない。ラモスもそうで、戦うのが楽しいのだ。

サッカーの起源は街ぐるみで行われた暴動みたいな球技だった。ラモスがそのころに生きていれば、たぶん街の英雄だったろう。もちろん、現在でもセルヒオ・ラモスは英雄の1人には違いないが。

バルサを蹴って スパーズ入りした 可能性無限大の 若きセンターバック

ダビンソン・サンチェス

コロンビア／トッテナム・ホットスパー

1996年6月12日生まれ、コロンビアのカウカ出身。母国クラブでデビュー後、2016年にオランダへ渡り、アヤックスに加入。同年のクラブ年間最優秀選手に選出される活躍を見せ、2017年にプレミアリーグのトッテナムへ移籍。年代別コロンビア代表にも選出され、2016年にフル代表デビューを飾った。

日本に立ちはだかる壁

アメリカ・デ・カリのアカデミーからアトレティコ・ナシオナルのユースチームへ、そしてリベルタドーレス杯を制したのが19歳のとき。

次のシーズンにはオランダのアヤックスでEL準優勝の原動力となりクラブの年間MVPに選出された。

そして2017‐18シーズン、4200万ポンドで移籍したトッテナム・ホットスパーではレギュラーポジションを確保している。

この3シーズン、ダビンソン・サンチェスの行く手を遮るものなどないようだ。

「21歳だけれども、その年齢よりも成熟している。やがて世界一のセンターバックになるだろう」

スパーズのマウリシオ・ポチェッティーノ監督も絶賛のコロンビア人DFは、ロシアワールドカップで日本に立ちはだかる壁になるわけだ。

187センチの長身だが、非常にスピードがある。CLではクリスティアーノ・ロナウドやピエール＝エメリク・オーバメヤンとの1対1でも遜色なく戦えていた。

「(ロナウドやオーバメヤンに)走力で勝負できるDFは少ないが、彼はさらにポテンシャルを持っている」(ポテッティーノ監督)

この3シーズンの成長ぶりからすると、ワールドカップを迎えるころにはさらに強固な壁となっているだろう。

傾聴力と主張力。バルサのオファーを蹴った19歳

成功するサッカー選手には「傾聴力」があるといわれる。これとは逆の能力である「主張力」を併せ持つ選手が大成するそうだ。

人の話を聞く、アドバイスに耳を傾ける能力がサンチェスにはあると、ポテッティーノ監督も話している。

「すごく賢い。そしてオープンに学ぶ姿勢がある」

上達のために心を開いている。それは何よりも強力なスキルなのだそうだ。主張力のほうは触れていないが、19歳のときにバルセロナのオファーを蹴った事実からしてそちらのほうも十分と思われる。

バルサに行かずアヤックスを選んだのはバルセロナBでプレーするつもりがなかったからだ。

おそらく、その1年をアヤックスで過ごしたのは正解だった。クラブの年間MVPに選出されるほど活躍し、プレミアリーグへと飛躍できたのだから。しかし、バルセロナからオファーを受け、バルセロナBでプレーするのは無駄だから嫌だと断れる19歳なんて滅多にいないと思う。

アトレティコ・ナシオナルのユースではMFだったというから、センターバックとしてのキャリアはわずか3シーズンということになる。それで21歳にして、すでに世界でもトップクラスの実力と評価されているのだから計り知れない才能だ。

かつてフランス代表やACミランでプレーしたマルセロ・デサイーと似ている。身体能力が図抜けていて1対1でまず抜かせない。しかもボールテクニックはデサイーよりサンチェスのほうがすでに上手い。

「傾聴力」に優れたサンチェスがさらに経験を積めば、世界最高のセンターバックと呼ばれる日はそう遠くなさそうだ。

ペップの申し子〝偽SB〟の先駆者傑出した才能を誇るマルチロール

ダビド・アラバ

オーストリア／バイエルン・ミュンヘン

1992年6月24日生まれ、オーストリアのウィーン出身。母国クラブのユースチームに所属していたが、2008年にバイエルン・ミュンヘンのユースチームに移籍。同クラブと2010年にプロ契約を結び、同年にトップチームデビューを果たす。以降、同クラブでのタイトル獲得に貢献する活躍を見せている。

偽SBは真のオールラウンダー

ペップ・グアルディオラがバイエルン・ミュンヘンの監督に就任した2013年、ダビド・アラバはすでに不動の左サイドバックだった。もともとはMFだったのをSBにコンバートされてポジションをつかんでいた。この時点でのアラバはまだ攻撃力のあるSBにすぎない。変わったのはペップが来てからだった。

アラバはペップのシステムで「偽SB」になる。タッチライン際に開くのではなく、中央寄りにポジションをとった。さらに中盤から前線へダイナミックに動いてチャンスを作り、自らも得点する。SBのリベロ化だった。

グアルディオラ監督2年目には、3バックの左を担当、さらにプレーの幅を広げる。3年目は4バックに戻したので再び偽SBに。このときは右のフィリップ・ラームも偽SBになっていた。ペップがシティへ去った後、アラバは元の普通のSBに戻ったが、オールラウンドなポジショニングは〝アラバ・ロール〟ともいうべき新境地だった。

グアルディオラ監督はマンチェスター・シティでも偽SBを使っている。現在はファビアン・デルフがアラバ・ロールをこなしているが、昨季はあまり上手く機能していなかった。デルフもアラバ同様にMFが本職。ポジショニングだけでなく誰がやるかによって成否が決まる。

SBがタッチライン際に開かず、中央寄りにポジションをとるのはペップの発明ではない。ある意味、どのチームのSBもやっていたことだった。タッチライン際に開いてパスを受けたとして、正面に相手選手がいればボールを受けても何もできない。相手の線路の上に立っていたら轢かれてしまう。

片側はピッチ外なのでパスコースはなく、斜め前しかコースがないが、敵は当然狙ってくるからCBに下げるかGKに下げることになってしまう。だから対面の敵の正面には立たず、つまり内側にポジショニングしておくのは、どのＳＢでも普通にやっているプレーだった。

ペップのバイエルンではＣＢの間にアンカーが下り、アンカーのポジションにインサイドハーフが下りる動きをアラバ・ロールと組み合わせた3点移動を行っていた。だが、これも個々のポジショニングは従来あったもの。3つのポジションチェンジを組み合わせたのが画期的で、これはバイエルンに強力なウイングがいたからだ。ＳＢが中央へ移動することでウイングへのパスコースが空く。最終的に「人」を生かす発想があった。

ちなみにウイングがいなければ偽ＳＢは使ってもあまり意味がない。ウイングが外に張らないチームの場合、ＣＢから斜めのパスを受けるためのポジションをとるのはインサイドハーフである。そしてＳＢは高い位置でウイングになるわけだ。

例えば、レアル・マドリーでアラバのポジションをとるのはトニ・クロースであり、ウイング化するのはＳＢマルセロになっている。ＳＢがボランチ化するかウイング化するかは、全体の構成にも左右される。

アラバの場合、ウイング化もボランチ化も可能だ。ボランチ化してＣＢからのパスを引き出し、フランク・リベリーへ展開。さらにリベリーを追い越してサイドの深い位置まで侵入していくのはバイエルンの十八番となった。

　オーストリア年間最優秀選手賞を初受賞したのが19歳のとき。以来、6年連続のMVPである。SVアスペルン、FKオーストリア・ウィーンのユースを経て、バイエルンのユースに移ってプロ契約。それ以来、不動のナンバーワンなのだから、まさにオーストリアの至宝といえる。

　アンダー世代からオーストリア代表だったが、フィリピン代表への誘いもあったそうだ。父親はナイジェリア人、母親がフィリピン人なのだ。フィリピンといえば、バルセロナでリオネル・メッシに次ぐ通算得点記録を持つパウリーノ・アルカンタラを生んでいる。

　1910～20年代に大活躍したストライカーで、極東選手権にフィリピン代表としてプレーし、日本戦では15対2という途方もない大差で勝っている。アラバがフィリピン代表としてプレーしていれば、パウリーノ・アルカンタラ以来のスーパースターになっていたに違いない。

　オーストリア代表の突出した存在、どのポジションでも傑出した才能を示してきたアラバは現在最高のオールラウンドプレーヤーといえるだろう。

崩しとフィニッシュ

ビルドアップにおける配置変化によってスムーズに敵陣へボールを運べるチームが増えている半面、ゴールまでラスト30メートルの崩しは難しくなっている。

ポゼッションの進化にともなって、対応する守備力も進化したからだ。現在の守備戦術は1990年代に普及したゾーンディフェンスが基本になっている。その後、攻撃側はゾーンの隙間へパスをつなぐことで守備バランスを崩してフィニッシュへ持ち込むことが定石になった。しかし、守備側はDFとMFの隙間を埋め、さらにセンターバックとサイドバックの間にあるニアゾーンと呼ばれる攻略ポイントも消すに至って、攻撃側に手詰まり感が出てきているのだ。

DFとMFの隙間、いわゆるバイタルエリアへのパスについては、センターバックが前に出て迎撃するようになった。中央を3バックにすることで、リスクを少なくする方法もよく使われている。ニアゾーン消しは、サイドハーフが深く戻ってサイドバック化することでニアゾーンを本来のサイドバックが埋めている。

こうした守備側の対策、守り慣れが明確に表れていたのが2016年のユーロだった。パスワークで崩そうとするスペインがイタリアに完敗したのをはじめ、ポゼッションで圧倒できても崩せない傾向の試合が続いていた。

攻撃側の打開策として有効だったのが長身かつ強靭なFWへのハイクロスである。ドイツはゲッツェによるゼロトップが行き詰まり、マリオ・ゴメスに代えている。フランスのジルー、ポーランドのレヴァンドフスキなど、フィジカルを武器にできるFWが唯一の解決策となっていた。地上のスペースを消されても空中は空いている。ただし、長身FWへのロブとセカンドボールを狙った攻撃は、それなりに有効ではあっても決定的な打開にはつながっていない。

結局、得点するためにはカウンターアタックが最も有効な方法であり、大会途中で堅守速攻型に切り替えて優勝したポルトガルが「守り勝った」大会だったといえる。

守備側に引かれた場合にハイクロス以外で崩すには、ディフェンスラインの背後にある15メートルほどのスペースを攻略しなければならない。マンチェスター・シティはウイングに快足のサネ、スターリングを配置し、短いスプリントでサイドの裏をつく攻撃を得意とし、サイドからのロークロスでゴールを量産している。サイドならばGKの守備範囲を外せるので、ゴールラインまでの20メートルの奥行きはフルに使える。ここに人とボールを送り込めば、DFはスプリントで戻ることになるので、GKとDFの間だけでなくDFの手前のスペースへのラストパスが有効になる。

メッシの十八番になっている斜めのクロスボールで、ディフェンスラインの裏をつく攻め方も有効だ。キックの精度が要求されるが、バイタルエリアの手前からのラストパスなので守備側がそこを消しても関係がない。ライン裏への直接攻撃なのでニアゾーン消しも効果がないわけだ。

サイド攻撃以外にも中央の密集を突破するコンビネーション、ミドルシュートなども打開策になりうる。これまでのサッカーの歴史は守備と攻撃のせめぎあいなので、おそらく攻撃側が何らかの打開策を見いだすことになるのではないか。

CHAPTER 4

GK

守護神ノイアーを凌ぐ90%近いセーブ率でゴールを死守する〝ミスターパーフェクト〟

テア・シュテーゲン

ドイツ／FC バルセロナ

1992年4月30日生まれ、ドイツ出身。ボルシアＭＧの下部組織で育ち、2009年にトップチーム昇格。2014年からバルセロナに加入。UEFA チャンピオンズリーグなどのカップ戦、リーグタイトル獲得に貢献。各年代別のドイツ代表としても活躍し、EURO2012で同国代表としてデビューを果たした。

グローブをつけたメッシ

マルク＝アンドレ・テア・シュテーゲン、長い名前だなと思っていたがオランダ系だそうだ（オランダの看板の文字など、意味はわからないが当惑するぐらい文字数が多いので）。25歳とＧＫとしては若いが、今季は世界トップクラスの名声を確立した。

ボルシアＭＧからバルセロナへ移籍した２０１４－15シーズンはコパ・デル・レイとＣＬでプレーしたが、リーグ戦のファーストチョイスはクラウディオ・ブラボだった。ブラボはこのシーズンのサモラ賞（最優秀ＧＫ賞）を受賞している。リーグ戦とカップ戦のＧＫを分けていたのは当時のルイス・エンリケ監督の方針だった。ブラボがマンチェスター・シティに移籍した2016年からはリーグ戦でもファーストチョイスになっている。

そして今季はよりレベルアップしたプレーを披露し、スペインのメディアは「グローブをつけたメッシ」と称えた。

移籍当初は足下の上手さが注目されていたが、今ではシュートストップ率の高さやハイクロス対応にも優れた完璧なGKと評価されている。

ドイツ代表でも正GKの座についた。絶対的守護神だったマヌエル・ノイアーの負傷欠場のためとはいえ、ノイアーが復帰しても現在のテア・シュテーゲンからポジションを奪える保証はないかもしれない。

テア・シュテーゲンは自身を「完璧主義者」だと認めている。あらゆる事態を想定し、対戦相手の癖も頭に入れておくそうだ。それが一瞬の判断に役立つという。GKとしては当たり前のことなのだろうが、フィールドプレーヤーに比べて準備に万全を期す。準備の仕方はそれぞれだ。試合に使うグローブは3組用意するというGKは少なくない。試合前のアップ用と前後半用で3組。延長がある場合は4組目もありうる。テーピングの巻き方からアップの段取りまで、人によってそれぞれの準備をする。ハーフタイムにもずっと練習しているGKもいる。練習に一番早く出てくるのは

ＧＫと決まっているし、最後までいるのもだいたいＧＫだ。

準備とともに集中力も重要である。とくにバルセロナのＧＫにそれが要求されるのは間違いない。相手に攻撃され続けていればＧＫは自然と集中力が増すが、バルセロナの場合は逆だからだ。たまにしか相手は攻めてこない。

ところがその数少ない攻撃はかなりのピンチであることも少なくないのだ。大半の時間を相手陣内でプレーしている一方で、相手が攻め込んでくるときはカウンターが成功したときなので、テア・シュテーゲンは相手ＦＷと１対１になるようなピンチを突然迎えることになる。

スペインメディアの報道では、テア・シュテーゲンが4試合で20本のシュートを打たれ、19本をセーブしたそうだ。セーブ率は実に89.5％。枠へ来たシュートをほぼシャットアウトしている。シュートストップの技術とともに、集中力の高さがうかがえる。ＧＫのポジションは１つだけだ。どんなに優秀なＧＫが２人いても、同時にプレーすることはできない。それがいくつものドラマや確執を生み出してきた。

かつてイングランド代表にはレイ・クレメンス、ピーター・シルトンという偉大なＧＫがポジションを争っていた。シルトンの代表記録１２５試合は、名手クレメンスと競ったうえでの記録だったことにいっそう価値があった。

強力なライバルの存在は互いの進歩につながる。そう簡単にミスをしないライバルにいったんポジションを奪われたら、なかなか取り戻せない。良いＧＫを交替させる機会というのはそうないものである。だから、強力なライバルを持ったＧＫはより完璧主義に磨きをかけることになる。

テア・シュテーゲンもノイアーの負傷欠場がなければ、第二ＧＫのままだったろう。２人の関係はオリバー・カーンとイェンス・レーマンに似ているかもしれない。

「ノイアーが戻れば、彼が正ＧＫだ」

テア・シュテーゲンはそう話している。本心はどうかわからないが。偉大なライバルの負傷や不振がないかぎり、第二ＧＫには出番が回ってこない。ただし、ポジションをつかんだところで偉大な元第一ＧＫが復活すれば、とくにミスがなくてもポジションを失うことはある。

専門のコーチから見れば、甲乙つけがたい２人のＧＫでも意外と優劣ははっきりしているものだからだ。ただ、成長したテア・シュテーゲンはノイアーと肩を並べる存在にはなっていると思う。少なくとも完璧なテア・シュテーゲンは完璧でないノイアーを上回っているのではないか。

ミスをしても全く動じない冷静沈着の長身スラリ系GK

ダビド・デヘア

スペイン／マンチェスター・ユナイテッド

1990年11月7日生まれ、スペインのマドリード出身。アトレティコ・マドリーの下部組織で育ち、2009年にトップチームでデビューを果たす。2011年からマンチェスター・ユナイテッドに加入し、プレミアリーグやUEFAヨーロッパリーグなどのタイトル獲得に貢献する活躍を見せている。

フィールドで最も冷静な男

サッカー界だけのことなのかどうかわからないが、フォトグラファーの体型は2つに大別できる気がする。長身でスラリとして手足が長いカメラマン、そうでなければ身長に関係なくガチムチ系。もちろん中肉中背の人もいるが、だいたいどちらかのタイプが多い。日本よりもヨーロッパのほうがそうかもしれない。

GKの体型はフォトグラファーと同じだ。ダビド・デヘアはもちろん長身タイプである。マンチェスター・ユナイテッドの先輩としてはピーター・シュマイケルとファビアン・バルテーズがガチムチ系、エドウィン・ファンデルサールがデヘアと同じ長身系だ。

ガチムチ系ＧＫはとにかく圧がすごい。ゴールに立ちはだかる不動明王のようで、パンチングなんか頭に食らったら再起不能になりそうだ。一方、長身スレンダー系はあまり圧力がない。風のようにフワリと動いてシュートを止めてしまう。前者が燃える闘魂なら、後者は冷静沈着。デヘアはイメージどおりクールな男であるようだ。ユナイテッドのＧＫコーチはこう話している。

「素晴らしいのは内面の強さだ。我々が彼に教えているのは『ＧＫは最も冷静な男であるべき』なのだが、彼の偉大な特質の１つが冷静さだ」

アトレティコ・マドリーの育成チームから、そのまま順調にトップへ昇格。アトレティコではＥＬ優勝に貢献した。２０１１年に現在のマンチェスター・ユナイテッドにプレミア史上ＧＫとしては最高額の１８９０万ポンドで移籍した。

デヘアはＧＫに要求されるすべての能力に秀でている。シュートストップは抜群、足下の技術も高く、１対１での強さ、弱点といわれていたハイクロスも今や何の問題もない。

これはデヘアに限ったことではないが、最近のＧＫは足でのシュートストップが上手くなった。浮いているボールはもちろん手を使うが、低いシュートに対しては足のほうが早く反応できるからだ。距離の近いシュートの場合、そんなに届かない場所にボールが来ないかわりに速度があるのですぐ近くでも間に合わない。手を下ろしている間にゴールインしてしまう。一歩、足を動かせるかどうかで失点になるか否かが決まることも多い。

デヘアは193センチとGKとしては特別に大きくはないが足が長い。勝負どころの一歩が普通のGKに届かない場所まで届く。これは長身スラリ系GKのアドバンテージかもしれない。

「自信がすごい。何も影響させない。ミスをしても動じないので、それが次のミスにつながることがない」（ファン・マタ）

GKの中には、失点すると味方を叱りつける人もいる。味方の守り方に問題があって、それを指摘しているのだろうが、傍目にはストレスを解消しているようにしか見えない。

失点の大半はGKのミスである。それがミスとは見えなくても、GK本人が本当にどうしようもなかった失点というのは実はそんなにないものなのだ。ミスとはいえないまでも、何かが少し違っていたら防げた失点だったという自覚がGKにはある。もちろん、それはコンマ数秒の出来事なのでチームメートも観客もほとんど気づかない。

GKとストライカーは違う時間を生きている。たった1秒間でも、普通に生活しているいる1秒の何倍も長く感じながらプレーしている。1秒で出来ることは限られているけれども、いくつかあった選択肢の何をすべきだったか、GKという人種は驚くほど細かく記憶している。1秒間は意外なぐらいいろいろなことを考えられるが、体はそんなに速く動かない。ゴール前では長い1秒を経験している。

失点したとき、GKは自分に何らかの落ち度があったことを知っている。逆に言えば、いちいち気にしていたら務まらない。チームメートを怒鳴りつけてストレスを解消するぐらいの権利はあってしかるべきかもしれない。ただ、本物のストライカーがシュートを外しても引きずらないのと同じで、優れたGKはミスを次のプレーに影響させない。それはマタの言うように自信なのかもしれないし、ミスを引きずらないことを最初から決めているからかもしれない。デヘアは怒鳴り散らすようなタイプではなく、淡々と何事もなかったかのようにプレーを続行する。強いフリをするのではなく、本当にメンタルが強いのだろう。

カリスマ的な守護神だったイケル・カシージャスの後継者となったデヘアも、長くスペインのゴールを守ることになるだろう。

名将ペップも惚れこむビルドアップに欠かせない最先端型GK

エデルソン

ブラジル／マンチェスター・シティ

1993年8月17日生まれ、ブラジルのサンパウロ州出身。2011年にポルトガル2部のクラブでプロ契約。翌年に1部のリオ・アヴェに移籍し、2015年にはユース時代を過ごしたベンフィカに加入。2017年からマンチェスター・シティに加入し、初年度からプレミアリーグの優勝に貢献する活躍を見せた。

ペップにとっては理想のＧＫ

ＧＫほど進化したポジションもないだろう。進化という点ではＳＢが最もマルチ化したポジションかもしれない。かつては敵のウイングをマークすれば良かったのが、ウイングの消滅と同時にウイングそのもののプレーを求められるようになり、現在では中央でボランチやインサイドハーフの役割まで果たすようになった。とはいえ、ＳＢの多機能化は役割の変化にすぎず、フィールドプレーヤーであることに変わりはないわけだ。

ところがＧＫは今やフィールドプレーヤーでもある。２０１４年ブラジルワールドカップでは、ペナルティーエリアから飛び出してスライディングタックルするマヌエル・ノイアーに驚かされたものだが、もはやそれも過去の話だ。GKはビルドアップの中心となり、正確なフィードでカウンターアタックの起点にもなる。フィールドプレーヤー化したGKの最先端はブラジル代表、マンチェスター・シティのエデルソン・モラレスだろう。ブラジルのサンパウロ州オザスコ生まれの24歳、エデルソン・サンタナ・ジ・モラレスはサンパウロのユースで1シーズンプレーした後、ベンフィカ（ポルトガル）のユースへ移籍している。

16歳からの2シーズンをベンフィカで過ごした後、2011年に2部リーグのリベイロンでプロデビューとなった。ブラジルの選手が十代でポルトガルのクラブへ移籍するのはいわば出世コースだ。早い段階でヨーロッパのサッカーや生活に慣れておいてプロデビューし、さらに活躍が認められればプレミアリーグなど他国のクラブに移籍する。言葉が同じポルトガルはブラジル人にとって移籍しやすく、ポルトガルリーグはヨーロッパのビッグクラブにとってブラジル人選手を品定めするためのショウケースになっているわけだ。

エデルソンは2部のリベイロンからトップリーグのリオ・アベへ移籍、そこでの活躍が認められてベンフィカへ。当初はブラジル代表GKのジュリオ・セーザルがいたためにリザーブチームに回されたが、ジュリオ・セーザルの負傷で得たチャンスをつかんでレギュラーに定着。2017年の夏には3500万ポンドでマンチェスター・シティへ移籍した。エデルソンはシュートストップの能力が抜群なだけでなく、足下の技術がフィールドプレーヤー顔負けである。ペップ・グアルディオラ監督にとってノイアー以上の理想のGKといっていい。シティのビルドアップはゴールキックから始まる。現在は多くのチームが採り入れているが、CBがゴールラインとペナルティーエリアの縦ラインが交差する場所に開いて立ち、中央にはMFが1人立つ。GKはこの3人の誰かがゴールキックを蹴るところからビルドアップを始める。

このゴールキックのショートスタートに対して相手がプレスをかけてくると、フリーのGKへボールが戻されることが多い。相手はさらにGKへもプレスしてくる、GKにはもちろんバックパスの逃げ場がない……20年前のGKならパニック必至の状況だが、現代のGKは平然と切り抜けられなければいけない。

昨季のシティにはGKにそれだけのクオリティが欠けていた。DFのほうも怪しく、ミスによるピンチや失点が目立っていた。ペップ流のスタイルにとって、この手のミスはコストではあるが許容範囲を超えていた。

そもそも足下が基準を満たしていなかったイングランド代表GKジョー・ハートは早々に貸し出され、クラウディオ・ブラボとウィリー・カバジェロを起用したがミスはなくならなかった。エデルソンはその問題を一気に解決している。止める蹴るに関しては、チームメートのニコラス・オタメンディやジョン・ストーンズより上手いと思う。エデルソンは自陣ペナルティーエリア内で平気で〝ロンド〟をやる。

シティの最深部からのビルドアップに対して、相手もハイプレスを仕掛けてくることもある。このときのGKの選択は主に2つ。すべてマンツーマンならば1対1になっているFWへのロングフィード。ディフェンスラインで敵が1人余る守り方ならば、シティのフィールドプレーヤーは誰か1人がフリーになるのでそこへのフィードだ。

ほとんどは高い位置どりのSBのどちらかが空いているので、そこへ胸か頭をめがけて正確で速いボールを蹴る。エデルソンはそのときの判断とキックの精度も間違いがない。リバプール戦ではサディオ・マネに顔面を足裏で蹴られて8針縫うケガを負った。その試合はドクターストップで交代となったが、すぐに復帰して平然としていた。マネとの激突シーンは首の骨折や頭蓋骨損傷が起きてもおかしくないぐらいだったが、エデルソンは謝罪したマネにこう言っていたそうだ。

「落ち着いてくれ。ピッチでは起こりうることだから心配しないでいいよ」

あまりにも完成度の高い24歳。セレソンではアリソン・ベッカー（ASローマ）と正GKの座を争っている。

まさに〝双璧〟となってゴールに立ちはだかるバレーボール一家で育った守護神

ティボ・クルトワ

ベルギー／チェルシー

1992年5月11日生まれ、ベルギーのリンブルフ州出身。2009年に母国クラブでデビューし、2011年にイングランドのチェルシーへ加入後、スペインのアトレティコ・マドリーへレンタル移籍。2014-15シーズンからチェルシーに復帰し、同クラブのリーグタイトル獲得に貢献した。

セーブ率は70％超え

UEFAチャンピオンズリーグ・ラウンド16でバルセロナと対戦したチェルシーは、GKティボ・クルトワの股下を2回もリオネル・メッシのシュートが通過した。0－3で敗れたこの試合で、クルトワはいずれもニアサイドをメッシに破られている。〝ユーロ・トンネル〟というメディアの容赦ない嘲笑に加えて、前マンチェスター・ユナイテッド監督のルイ・ファンハールもクルトワを批判した。

「フランク・フーク（ファンハールのチームでGKコーチを務めた）が指導していれば、足を閉じていただろうね。起きてはならないミスだ」

クルトワも黙っていない。

「GKのことを何もわかっていない。ファンハールはGKについて口を出すべきじゃない」

背が高く足の長いGKにとって、股下は弱点になりうる。199センチのクルトワの唯一の弱点かもしれない。ニアサイドを抜かれるのは屈辱ととらえるGKもいる。ファンハールの批判は的を射ているのかもしれない。ただ、何がわかるんだというクルトワの憤りは多くのGKが感じている気持ちではないだろうか。

ビルゼンVVでプレーを始めたときのポジションは左サイドバックだった。2年後にヘンクに移ったときにGKにコンバートされている。7歳からクルトワはGKになったわけだ。バレーボール一家に育ち、当然バレーボールも得意だったようだ。両親ともバレーボールの選手で、姉はベルギー代表、弟も選手。ただ、12歳のときにはサッカーでいくと決めていたそうだ。

17歳になる少し前にトップチームでデビュー、19歳でベルギー代表に招集されている。2010-11シーズンには42試合に出場して32失点、14試合を完封してリーグ最優秀GKに選出された。ヘンクはリーグ優勝している。この活躍が認められて2011年夏にはチェルシーに移籍、しかしすぐにリーガ・エスパニョーラのアトレティコ・マドリーへ貸し出された。アトレティコはダビド・デヘアがマンチェスター・ユナイテッドへ移籍したので、名手デヘアに代わるGKとしてクルトワに白羽の矢を立てたわけだ。

貸し出し期間は異例の延長を重ねて3シーズンに及ぶ。その間、アトレティコはコパ・デル・レイを制し、13－14は1996年以来のリーグ優勝も成し遂げた。このシーズン、アトレティコはCL準決勝でチェルシーと対戦している。報道によると、クルトワを貸し出し中のチェルシーは、アトレティコがクルトワを出場させるなら1試合で300万ユーロを要求できる契約があったという。その後、UEFAは支払いを認めないと発表した。そこまでクルトワを買っているのに、チェルシーが3シーズンも貸し出していたのはペトル・チェフがいたからである。2014年にクルトワはチェルシーへ戻った。ジョゼ・モウリーニョ監督はクルトワを重用し、リーグカップとプレミアリーグに優勝。チェフはアーセナルへ移籍することになる。

クルトワは世界でも1、2を争うGKになっていた。デヘア、テア・シュテーゲン、マヌエル・ノイアーと頂点を争う。クルトワとデヘアは長身で手足が長く、プレミアリーグの双璧だ。この2人はプレースタイルもよく似ている。すべての面に秀でているパーフェクトなGKだ。セーブ率はともに70パーセントを超えている。ポジショニングの良さ、反応の速さ、読みの鋭さに加えて、単純に手足が遠くまで届く利点は見逃せない。そのクルトワにもベルギー代表にはシモン・ミニョレというライバルがいる。スペインはデヘアの他にペペ・レイナ、ドイツはテア・シュテーゲンとノイアー、ブラジルはアリソンとエデルソン。強豪国には控えにもワールドクラスのGKを抱えているわけだ。

近年、GKの進化は目を見張るものがある。かつては名GKといえども1つぐらいは欠点があったものだ。ハイクロスに弱い、足下が不安定など、完璧なGKはそんなにいなかった。昔の話だが、ウェンブレースタジアムで試合をするアウェイ側のGKはだいたい試合前から極度に緊張していたという。1960年代あたりまで、イングランド代表のハイクロス攻撃は相手GKにとっては恐怖の的だったのだ。前歯の欠けたFWが無防備なGKに体当たりしても笛は吹かれなかった。しかし、やがてセンターバックとGKの進歩によって、イングランドの戦法は過去の遺物になっていった。

GKにはまだ進化の余地がある。とくに攻撃面で何かを変える可能性が残されていると思う。すでに何も欠点のないGKが世界の頂点に君臨しているが、これまでの進歩を考えればこれからも進歩すると考えられる。クルトワの股下ぐらいは、大目にみるべきだろう。

エピローグ

進化しないスーパースター

ロベルト・バッジョは調子が悪くなると、マイター社製の古いボールを引っ張り出してきて1人で練習していたそうです。ボールタッチの感覚を調整していたのでしょう。なぜ、試合でも普段のトレーニングでも使わないボールをわざわざ使っていたのかはよくわかりません。天才的なボールタッチの選手ならではの繊細さでしょうか。

才能に任せてプレーしている選手がスランプに陥ると、なかなか立ち直れない場合があります。その人の最高の状態が10として、負傷や不調で3まで落ちてしまったとしましょう。そのときに、いきなり10の状態に戻そうとすると失敗しやすいという話を聞いたことがあります。3まで落ちているのですから、いきなり10には戻らない。戻らないことに苛立っているうちに、無理をしたり力が入りすぎたりして、かえって元に戻るのに時間がかかってしまう。優れた選手は、まず3を4にしようとする。足していけば必ず10に戻せると知っているからです。ピアノの調律のようなバッジョの調整方法もそうなのかもしれませんね。

スーパースターの資質として、3つあるといわれています。

①スタートダッシュの速さ

②ボールコントロール

③インテリジェンス

スタートダッシュは100メートル走のタイムとはあまり関係がありません。最初の3歩ぐらいの速さです。世界最高クラスのアタッカーは、ほぼ例外なくこの資質に恵まれています。トレーニングでも速くなるとは思いますが、こうしたスピードはほぼ先天性のものといっていいでしょう。

ボールコントロールについては説明不要ですね。問題は3つめのインテリジェンスです。知性であり情報処理能力。前記したスランプ時の対処法などもインテリジェンスに含まれるかもしれません。ざっくり言えば頭の良い選手。サッカー脳の優れた選手です。

サッカーにおける賢さは、一般的な頭の良さとは必ずしも一致しません。主に目から採り入れた情報から瞬時に正解を出力する能力といいますか、少なくとも選手本人に「考えている」という自覚はありません。考えるときは言語を使いますが、それではプレーに反映させるには遅すぎます。

ペレの数々の逸話の1つに「いんちきＰＫ」があります。ペレがパスを追ってゴール前へ走りますが敵のＧＫがキャッチしました。ペレはゴールに背を向けて歩いて戻ります。ペレをマークしていた選手も一緒に隣を歩いていました。すると、突然ペレは身を翻してＧＫへ向かって走ろうとしました。マークしていた相手選手はとっさにラグビー式タックルでペレを倒します。ＧＫがボールを手から離したか、自分に向けて投げたか、とにかく何か都合の悪いことが起きたのだと、ペレをマークしていた選手は判断したのでしょう。ところが、ＧＫはまだボールを手に抱えたままでした。ペナルティーエリア内で倒されたペレのチーム（サントス）に主審はＰＫを与えました。ペレは狡猾な、というか詐欺のような手口でＰＫを獲得したわけです。

ペレのスタートダッシュの速さは多少関係があるかもしれませんが、ボールコントロールはこの場合まったく関係ありません。ほとんどアイデアだけ。これをインテリジェンスと呼ぶのは無理がありますが、その場の状況と隣にいた選手の心理を読み切っていての行動でしょう。瞬間的なアウトプットとしては正解以上の凄みがあります。ここまでくると頭が良いというより、頭がおかしいに近い感じですが、スーパースターたちには多かれ少なかれこうした一面があるようです。

誰も思いつかないようなインスピレーションが最高の技術と体の動きに結びついたプレーをするからこそ、スーパーな存在なのですから。

バッジョの繊細なボール感覚は、いくらバッジョのプレーを見ても共有されないでしょう。初速の速さは遺伝しますが他人から受け継げるものではありません。ペレのインスピレーションも真似られない。つまり、スーパースターは過去の遺産を受け継ぐ形で進化するのが難しく、作るのも不可能で、どこからか突然生まれてくるものと思われます。つまり、まったくあてにならないものに世界のサッカーは左右されているわけです。ただ、超天才選手は20年に1人ぐらいは出現しているので、将来についても楽観できそうです。〝その人〟は本書の中にいるかもしれませんし、あなたのすぐ近くにいるかもしれません。

西部 謙司 Kenji Nishibe

1962年9月27日、東京都生まれ。少年期を台東区入谷というサッカー不毛の地で過ごすが、小学校6年時にテレビでベッケンバウアーを見て感化される。以来、サッカー一筋。早稲田大学教育学部を卒業し、商社に就職するも3年で退社。学研『ストライカー』の編集記者を経て、02年からフリーランスとして活動。95年から98年までパリに在住し、ヨーロッパサッカーを中心に取材。現在は千葉市に住み、ジェフ千葉のファンを自認し、タグマ版「犬の生活」を連載中。おもな著書に『1974フットボールオデッセイ』『イビチャ・オシムのサッカー世界を読み解く』(双葉社)、『戦術リストランテⅠ～Ⅵ』(ソル・メディア)、『眼・術・戦』『サッカー右翼サッカー左翼』『サッカー日本代表戦術アナライズ』(カンゼン) など。

装丁	二ノ宮 匡
DTPオペレーション	株式会社ライブ
写真	Getty Images
編集	吉村 洋人(カンゼン)

PERFECT SKILL
世界トッププレーヤーの究極スキルを解説する

発行日　2018年6月14日 初版

著　者　西部 謙司
発行人　坪井 義哉
発行所　株式会社カンゼン
〒101-0021
東京都千代田区外神田2-7-1 開花ビル
TEL 03 (5295) 7723
FAX 03 (5295) 7725
http://www.kanzen.jp/
郵便為替 00150-7-130339
印刷・製本　株式会社シナノ

ISBN 978-4-86255-471-0
Printed in Japan
定価はカバーに表示してあります。

ご意見、ご感想に関しましては、kanso@kanzen.jp まで E メールにてお寄せください。